KB061627

영어 말하기 처방전

1판 1쇄 발행 2021년 6월 10일

지은이 앤더슨 조대윤 류한구
감수 Janey Bang

표지디자인 정설향

펴낸곳 하움출판사   **펴낸이** 문현광

주소 전라북도 군산시 수송로 315 하움출판사
이메일 haum1000@naver.com   **홈페이지** haum.kr

ISBN 979-11-6440-788-0 (03740)

좋은 책을 만들겠습니다.
하움출판사는 독자 여러분의 의견에 항상 귀 기울이고 있습니다.

영어 말하기 처방전

223가지

인사말

안녕하세요~ 올해로 14년째 영어를 가르쳐 온 영어강사 **앤더슨**입니다.

그 동안 오직 한 가지!
한국인에게 가장 적합한 영어 말하기 방법만을 연구해 왔습니다.

왜 한국인은 그 오랜 영어공부를 하고도 내가 하고 싶은 말 한 마디도 바로 나오지 않을까요? 그 이유는 우리가 평생 말하는 어법을 배우는 것이 아니라 영어 시험을 위한 문법을 배우기 때문입니다.

수학문제 풀듯이, 말하고 듣는 데 아무런 도움이 안 되는, 분석하고 짜맞추는 한국식 문법 엉어를 이젠 버려야 합니다. 알 수 없는 문법 용어와 학문적 설명으로는 정확한 말의 뉘앙스를 이해하기 힘들기 때문에 실전 회화에서 전혀 사용을 못 합니다.

예를 들어

You have to go. 너는 가야 한다. (강한 의무, 반드시 가야 한다, 선택의 여지가 없다)
You should go. 너는 가야 한다. (약한 의무, 반드시 가야 하는 것은 아니지만 가는 편이 좋다)
I will go. 나는 갈 것이다. (의지)
I'm going to go. 나는 갈 것이다. (예정, 계획)

이런 식으로 공부해서 과연 상황에 맞게 적절히 선택해서 사용할 수 있을까요?

외국어를 잘한다는 의미는 모국어의 정확한 의미 그대로 다른 언어로 바꿀 수 있다는 뜻입니다. 더군다나 한국어는 억양이나 강세에 따라 의미가 달라지는 언어이기 때문에 한국어의 정확한 느낌이 영어로 나와야 합니다.

아래 2개의 문장을 영어로 하실 수 있나요?

난 너 올 줄 알았어! (왔음)
난 너 올 줄 알았어~ (안 왔음)

너 왜 영어공부 해? (질문)
너가 영어공부를 왜 해? (의아함)

한국어는 이렇게 같은 말이라도 강세, 억양, 호흡 조절로 의미가 달라지고 영어는 아예 다른 표현을 써야 합니다.

한국인에게는 한국어에서 영어로 느낌 그대로 즉시 나오는 방법이 가장 적합한 영어 말하기 훈련법입니다. 이미 한국어가 모국어인 우리는 한국어가 먼저 떠오르기 때문입니다. 영어가 먼저 떠오른다면 지금 이 책을 보실 필요가 없으니 그냥 내려 놓으시면 됩니다.

많은 분들이 미드나 영화 등을 무작정 따라 읽으며 공부를 하시는데 정확한 의미나 뉘앙스를 모르고 그냥 외우는 것은 말하기에 큰 도움이 되지 않습니다. 한국인들이 진짜 말하고 진짜 들을 수 있는 영어는 따로 있습니다.

끝으로, 이 책이 나오기까지 많은 도움을 주신 조대윤님, 류한구님, 그리고 이디야 커피 문창기 회장님을 비롯한 임직원분들께 깊은 감사를 드립니다.

추천의 말

나는 인간 앤더슨은 잘 모른다.
하지만 영어를 가르치는 앤더슨은 좀 안다.

남들과 다른 방식으로 오랜 세월 말하는 영어를 위해 연구하고 노력한
그의 열정을 인정한다.

이 책은 우리 뇌 속 깊이 묻혀 있던 영어를
쉽게 꺼내 쓸 수 있게 만들어 줄 것이다.

- 문창기, (주)이디야커피 대표이사 회장

십여 년 전 우연히 알게 되어 수업을 찾아가서 독특하고 재미난 수업에 빠져
1년만에 내가 하고 싶은 말을 영어로 만들어내는 수준에 이르렀다.

이번에 앤더슨이 새로 낸 '영어 말하기 처방전'은
그의 지난 영어 저서 시리즈의 결정판이다.

영어로 말하기의 진단과 처방을 그만큼 제대로 속 시원하게 풀어낼
영어 강사가 더 이상 있을까 싶을 정도다.

- 방준식, The-K Hotel & Resort 상임감사 (전 스포츠조선 대표)

앤더슨 영어는 영어 표현을 우리말 표현과 연결시켜 망설임 없이
입에서 영어가 술술 나오게 하는 획기적인 영어학습법이다.

앤더슨의 단지 1단계 학습만으로도 영어회화가 가능해지는
신비한 체험을 하게 될 것이다.

- 정완, 경희대 로스쿨 교수

내가 매일 쓰는 한국말 속에 영어가 있었다는 사실이 놀랍습니다.

제가 본 책 중에 한국인이 영어로 말할 수 있는 길을
가장 쉽고 빠르게 가르쳐 준 책입니다.

– 김현겸, 의사

오래전에 방송을 보고 우연히 알게 되어 수업을 참여해 보고
영어문법을 몰라도 영어가 되는 기발하고 재미난 수업에
영어의 재미에 빠져 학교에도 강의초대를 했었다.

영어 왕초보에게 특급 처방전이 될 거라 믿는다.

– 이수영, 서울한영대학교 사회복지학과 교수

앤더슨은 한국어의 표현법과 뉘앙스 등을 영어화 할 수 있는
매카니즘을 알고 있는 분이며, 재미와 위트가 장착되어 있는 분이다.
그래서 강의 또한 재미있다!

앤더슨의 '영어 말하기 처방전'은 제목에서 보듯
그의 위트가 돋보이는 영어회화 서적으로,
그의 평생 노하우가 그대로 집대성된 책으로 보인다.

이 책을 보는 당신은 "이런말이 영어로 이렇게 쓰인다고!"라며
분명 놀란 당신을 발견하게 될 것이다.
영어 교육 메카니즘의 달인! 앤더슨! 그가 쓴 책이니까!

– 임성우, 재능영어TV PD

목차

세상에 하나밖에 없는 영어 말하기 처방전 223가지,
지금 시작합니다!

~하게(~려고)?

하려고 해(그래)? (의문사가 있을 때는 끝을 내리고 의문사가 없을 때는 끝을 올린다)

"뭐 사게?"

"What are you trying to buy?"

Are you trying to 동사?

 실전대화

내 가방 어딨어?
Where is my bag?

집에 가게?
(집에 가려고 그래?)
Are you trying to **go home**?

걔 번호?
His phone number?

응, 그냥 전화해서 물어보게.
(물어보려고)
I'm just **trying to call and ask.**

*전화해서 물어봐 Call and ask / 가서 먹어 Go and eat
(2개의 동사를 순서대로 할 경우)

19

~하게?

(뭘, 어디, 언제) ~하는지 맞춰 봐

"나 누구게?"
(=내가 누구 인지 맞춰 봐.)

"Guess who I am?"

Guess 의문사 주어 동사

 실전대화

우리 어디게?
(우리 어디인지 맞춰 봐.)
Guess where we are?

*의문사가 주어일 경우
의문사 주어 동사가 아니라 의문사 동사

그냥 말해.
Just tell me.

내 생일이 언제게?
(내 생일이 언제인지 맞춰 봐.)
Guess when my birthday is?

예) 누가 왔게? Guess <u>who came</u>
                       주어 동사
맞춰 봐 (누가) (왔는지)

알고 싶지 않아.
I don't wanna know.

*wanna = want to의 줄임말

20

A 해! B 하게

(사람)이 ~할 수 있도록 ~해

"불 꺼. 나 자게."
(=불 꺼. 나 잘 수 있도록.)

"Turn off the light so I can sleep."
(=Turn the light off)

~ so 주어 (can) 동사

 실전대화

의자 하나 갖고 와. 나 앉게.
Get me a chair so I can sit.

*~한테 갖고 와, 갖다 줘
Get 사람 물건

여기 있다.
Here you go.

*여기있다 Here you are /Here you go
(물건을 건네면서 하는 말)
여기 있다 Here it is!
(손가락으로 가리키며 하는 말)

나 돈 좀 줘. 택시 타게.
Give me money
so I can take a taxi.

*택시타다 (이용하다) Take a taxi
버스타다 (이용하다) Take the bus
교통수단을 이용하는 경우: Take

택시같은 소리하네.
Taxi my ass.

*~는 개뿔 / ~같은 소리하네 / ~는 얼어죽을
~ my ass (관용어)

~하게 해 줘(해 줄게)

~하게 허락해 주다

"내가 먹게 해 줄게."

"I will let you eat."

Let 사람 동사

 실전대화

내가 너 여기 앉게 해 줄게.
I will let you sit here.

나 여기 안 앉을건데.
I'm not gonna sit here.

* 안 ~할 건데
I'm not gonna = I'm not going to의 구어체

내가 너 걔랑 결혼하게 해 줄게.
I will let you marry him.

너무 늦었어요.
It's too late.

*~와 결혼하다 marry 사람 (O)
marry with 사람 (X)

예) 저 결혼 한 사람이에요 I'm married.
저 결혼 했었어요 (돌싱) I was married.

~하게 되면

~하는 경우가 생기면 / ~할 일이 생기면

"서울에 오시게 되면…"

"If you get to come to Seoul…"

If 주어 get to 동사

 실전대화

가입을 하시게 되면
제가 10% 할인을 해드릴게요!
If you get to sign up
I'll give you a 10% discount.

그냥 20% 할인해 주세요.
Just give me a 20% discount.

개 전화 번호 알게 되면
내가 알려줄게.
If I get to know his phone number
I will let you know.

그래, 부탁해.
Ok, please.

~하게끔 해

누구에게 ~하도록 좋게 잘 말해라/유도해라 (강압적으로 X)

"개 담배
끊게끔 해."

"Get him
to quit smoking."

Get 사람 to 동사

 실전대화

개가 돈을 내게끔 할게.
I'll get him to pay.

그럴 필요 없어.
No need to do that.

내가 개 가입하게끔
잘 말해볼게.
I'll get him to sign up.

개가 가입하면
너한테 할인 해줄게.
If he signs up
I'll give you a discount.

~하게 만들어

~시키다 / 물리적이든, 심리적이든 (강제적으로라도) 그렇게 되게끔 만들어라

"나 주차하게 만들지 마."

(=주차 시키지 마.)

"Don't make me park."

Make 사람 동사/형용사

 실전대화

나 영어 잘하게
만들어 줄 수 있어?
Can you make me
speak English well?

그건 내 전문이야.
나한테 맡겨.
That's my specialty.
Leave it to me.

*leave it to 사람
~에게 맡기다/~에게 두고가다 (일,업무, 사람등)

일을 힘들게 만들지 마.
Don't make things hard.

내가 알아서 할게.
I'll take care of it.

*take care of
①알아서 처리하다 ②돌보다
※상황에 따라 의미가 다름

25

어디 가는 거야?
Where are you going?

나 물 좀 마시게.
I'm trying to drink some water.

물 좀 끓여, 나 커피 마시게.
Boil some water so I can drink coffee.

커피 없어.
There's no coffee.

나 물 한 잔 갖다 줘.
Get me a glass of water.

나 움직이게 하지 마. 나 피곤해.
Don't make me move. I'm tired.

미리 알려줘, 나 준비하게.
Let me know in advance so I can get ready.

그럴게.
I will.

~하고 있어

~하는 중이다 / ~하는데

"나 일하고 있어." "I'm working."

주어 be 동사ing

 실전대화

나 공부하고 있어.
I'm studying.

장난해?
Are you kidding me?
(= Are you joking?)

*환장하겠네 (놀람,짜증)
You gotta be kidding me.
※원어민들이 자주쓰는 표현

나 친구랑 놀고있어.
I'm hanging out with my friend.

*~와 놀다 (시간을 보내며 노는 것)
Hang out with 사람
*~와 놀다 (아이들처럼 장난을 치며 노는 것)
Play with 사람

누구랑?
With who?

~하고 있었어

~하는 중이었어 / ~했는데

"나 일하고 있었어."

"I was working."

주어 be(과거) 동사ing

 실전대화

나 안 자고 있었어.
I wasn't sleeping.

그럼 다 들었어?
Did you hear everything then?

너 뭐하고 있었어?
What were you doing?

똥 싸고 있었어.
I was taking a shit.

*똥 싸다
Take a shit = take a dump = shit

~하고 있을게

어떤 행동을 진행하고 있겠다

"나는 TV 보고 있을게."

"I will be watching TV."

I will be 동사ing

 실전대화

나 여기서 기다리고 있을게.
I will be waiting here.

알았어, 바로 올게.
Ok, I'll be right back.

너 뭐 할 거야?
What are you gonna do?

나 사진 찍고 있을게.
I will be taking pictures.

~하고 있는지도 몰라

may가 might보다 가능성이 조금 더 큰 느낌

"개 자고 있는 지도 몰라."

"He might be sleeping."

주어 may/might be 동사ing

 실전대화

개들 싸우고 있는지도 몰라.
They might be fighting.

설마.
No way.

개 왜 안 오는 거야?
Why isn't she coming?

개 지금 화장하고 있는지도 몰라.
She might be putting on make-up.

*화장하다 put on make-up
*화장(품) make-up

30

~하고 있어!

계속 행동이나 상태를 유지하라 / ~(해)놓고 있어

"조용히 하고 있어."

"Keep quiet."

Keep 동사ing (동작 계속) / Keep 상태 (상태 계속) /
Keep 명사 up, in, pp 등 (상태 계속)

 실전대화

신발 벗고 있어.
Keep your shoes off.

싫어, 나 발 냄새 나.
No, my feet smell.

*발 foot (1개), feet (2개 이상)
이 tooth (1개), teeth (2개 이상)

모자 쓰고 있어!
Keep your hat on!

왜? 나 모자 쓴 게 나아?
Why? do I look better with a hat on?

*모자 쓰고 있어 (영어식)
=모자 벗지 마 (한국어식)

31

~하고 싶어

~하기를 원하다 / 나 ~할래

"나 삼겹살
먹고 싶어."

"I want to eat
삼겹살."

I want to 동사 (~하고 싶어)
he wants to 동사 (~하고 싶어 해)

 실전대화

나 이 음식 사진 찍고 싶어.
I want to take a photo
of this food.

*사진 찍다 take a picture of

빨리해! 나 배고파.
Do it fast! I'm hungry.

나 퀵보드 빌리고 싶어.
I want to rent a scooter.

보증금 있어.
There's a deposit.

~하고 싶은데

~하면 좋겠는데(요) / ~했으면 좋겠는데(요) *하고 싶어요(I want to ~) 보다 부드러운 느낌

"예약을 하고 싶은데요."

"I'd like to make a reservation."
(=I'd like to book.)

I'd like to 동사 ※ I want to (~하고 싶어요, ~할래요)

 실전대화

마사지 받고 싶은데요.
I'd like to get a massage.
(=I want to get a massage.)

네, 이쪽으로 오세요.
Come this way please.

*이쪽 this way
*저쪽 that way

예약 취소를 하고 싶은데요.
I'd like to cancel my reservation.
(=I want to cancel my reservation.)

잠시만요.
Hold on.

*취소하다 cancel / 암 cancer
스펠링 및 발음 주의!

33

~하고 싶으면

~하기를 원하면

"가고 싶으면 가." "Go if you want to."

If 주어 want to (=wanna) 동사

 실전대화

오고 싶으면 와도 돼.
You can come if you want to.

고맙지만 나 바빠.
Thanks, but I'm busy.

파마 하고 싶으면 여기로 와야지~
If you want to get a perm
you should come here.

너 거기 단골이야?
Are you a regular there?

*단골 a regular

34

~하고 싶었던 적 있어?

한 번이라도 ~하고 싶었던 경험이 있냐

"그만 두고 싶었던 적 있어?"

"Have you ever wanted to **quit**?"

Have you ever wanted to 동사?

 실전대화

나랑 헤어지고 싶었던 적 있어?
Have you ever wanted to
break up with me?

응, 있어.
Yea, I have.

배우가 되고 싶었던 적 있으세요?
Have you ever wanted to
be an actor?

아니요, 저 연기 잘 못해요.
No, I'm not good at acting.

~하고 나서 (1)

시간상 후에 / 시간의 선후가 중요 / ~하고 나서 ··· / ~하고 ···

"내가 밥 먹고 나서 전화할게."

"I'll call you after I eat."

After 주어 동사 / After 동사ing

 실전대화

나는 너 먹고 나서 먹을게.
I'll eat after you eat.

나 오래 먹어.
I eat for long.

나 빨래하고 나서 설거지해야 돼.
I have to wash the dishes after doing the laundry.

*설거지하다
wash the dishes = do the dishes

좀 쉬어~
Take a break~

*take a break (짧은 휴식)
get rest (긴 휴식)

~하고 나서 (2)

~한 다음에 / 2가지 행동을 이어서 함 / ~하고 나서 …

"너 공부하고 나서 잘 거야?"

"Are you gonna study and then sleep?"

A and then B / A then B

 실전대화

우리 밥 먹고 나서 커피 마시자.
(밥 먹은 다음에)
Let's eat and then drink coffee.

좋지.
That sounds good.

예약하고 나서 (예약한 다음에)
나한테 시간을 알려줘.
Make a reservation and then
let me know.

응, 그럴게.
Yea, I will.

A 하고 B 해

지속 / ~한 채로 2가지 상황이 동시에 일어남

"나 눈 뜨고
잤어."
(=눈 뜬 채로 잤어.)

"I slept with
my eyes open."

With 명사

+ 전치사 in, on... / 부사 up, down... / 동사의 p.p형

 실전대화

불 끄고 자라.
(불 끈 채)
Sleep with the light off.

난 항상 불 켜고 자.
I always sleep with
the light on.

모자 쓰고 면접 갈 거야?
(모자 쓴 채)
Are you gonna go for your job
interview with your hat on?
(=in a hat)

그게 뭐 어때서?
There's nothing wrong
with that.

*~가 뭐 어때서
There's nothing wrong with ~

38

~하고 있을 때야?

한가하게 ~하고 있을 때야?

"지금 여기서 자고 있을 때야?" "Is this anytime to be **sleeping** here?"

Is this anytime to be 동사ing?

 실전대화

지금 여기서 게임하고 있을 때야?
Is this anytime to be playing a game?

왜? 무슨 일 있어?
What? Is there something going on?

나 운동하고 있는데 왜?
I'm working out, why?

지금 운동하고 있을 때야?
Is this anytime to be **working** out?

너 누구랑 술 마시고 있어?
Who are you drinking with?

말 못 해.
I can't tell you.

카드로 내고 싶은데요.
I'd like to pay with my credit card.

저희는 현금만 받아요.
We only take cash.

너 염색하고 나서 올 거야?
Are you gonna come after you dye your hair?

응, 나 흰머리 났어.
Yea, I got gray hair.

걔 너 집에 가고 나서 집에 갔어.
He went home after you went home.

그래?
Did he?

~하기가 겁나(무서워)

겁나서 못 ~하겠다 / ~하는 게 겁나 / ~하기를 겁내다

"나 운전~하기 겁나."
(=겁나서 운전 못 하겠어.)

"I'm afraid (scared) to drive."

주어 be afraid to 동사
주어 be scared to 동사

 실전대화

너가 걔한테 전화해서 물어봐.
You call him and ask.

싫어, 너가 해. 나 걔한테
전화하기가 겁나.
No, you do it, I'm afraid to
call him.

나 오늘 안 될 거 같애.
I don't think I can make it.

*make it 되다
어떠한 일을 이루어 낸다는 뜻
상황에 따라 여러가지로 쓰임
예) Did you make it home? 집에는 잘 갔어?

왜? 날 보기가 겁나?
Why? Are you afraid to see me?

41

~하기가 귀찮아

~하는 게 귀찮아 / ~하기에 게으름을 느끼다 / ~하기가 성가시다

"나 화장 하기가 귀찮아."

"I can't be bothered to put on make up."

I can't be bothered to 동사
I'm feeling lazy to 동사

 실전대화

너 여기 올래?
Do you wanna come here?

아니, 나 화장 하기가 귀찮아.
No, I can't be bothered
to put on make up.

나 요리하기가 귀찮은데.
I can't be bothered to cook.

그럼 외식할까?
Then, should we eat out?

*cook 요리하다, 요리사

~하기 나름이다

~하기에 달려 있어 / ~하냐에 달려 있다.

"너가 공부하기 나름이야." | "It depends on how you study."

It depends on + 의문사 + 주어 동사 / 동사 / 명사

💬 실전대화

월급 얼마에요?
How much is my pay?

너가 일하기 나름이야.
(= 너가 어떻게 일하냐에 따라 달라.)
It depends on **how you work.**

거기 재미있어?
Is it fun there?

어떻게 노냐에 달려있어.
(=너가 어떻게 노냐에 따라 달라.)
It depends on
how you hang out.

*놀다 hang out

43

~하기 때문에

직접적인 이유를 말할 때 / ~하니까 / ~해서

"내가
바쁘기 때문에
널 못 만나."

"I can't meet you
because I'm busy."

because 주어 동사

 실전대화

내가 오늘 일해야 되기 때문에
(일해야 되니까)
다음에 만나는 게 낫겠다.

We'd better meet later because
I have to work today.

나한테 말을 했어야지.

You should've told me.

*should have p.p = should've p.p

넌 머리가 없기 때문에 (없어서)
나이 들어 보여.

You look old because
you don't have hair.

너 죽을래?

Do you wanna die?

44

~하기 싫어(해)

~하기 싫어해 / ~하기 싫대

"나 일하기 싫어."

"I don't wanna work."

주어 don't/doesn't wanna 동사

💬 실전대화

개가 너랑 얘기하기 싫어해.
He doesn't wanna talk with you.

왜? 걔 나한테 화났어?
Why? Is he mad at me?

나 그 회사 지원하기 싫어.
I don't wanna apply to
that company.

*~에 지원하다 apply to (회사)
apply for (업무)

왜? 월급이 별로야?
Why? The pay isn't enough?

~하기 싫으면

~하고 싶지 않으면

"오기 싫으면..." "If you don't want to come..."

If 주어 don't want to (=wanna) 동사

 실전대화

맥주 마시기 싫으면 소주 마셔.
If you don't want to drink beer, drink 소주.

아니야, 나 둘 다 좋아해.
No, I like both.

집에 가기 싫으면 노래방 가는 게 어때?
If you don't want to go home, how about we go to a singing room?

그냥 집에 가자.
Let's just go home.

~하기나 해

다른 거 신경 쓰지 말고 ~나 해

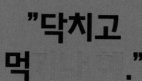

"닥치고 먹기나 해."

"Shut up and just eat."

Just 동사

 실전대화

뒤에 내 가방 좀 줘.
Give me the bag in the back.

운전이나 해!
Just drive!

나는 커피나 탈게.
I will just make coffee.

너 커피 잘 타?
Are you good at making coffee?

*~잘 해? Are you good at 동사ing?

~하기는 해/했어 (강조)

(확실히) ~하기는 ~한다 / 강세 유의

"개가 열심히
일하긴 해."
(=일은 열심히 해.)

"He (sure) does
work hard."

주어 do/does/did 동사

 실전대화

내가 영어를 잘하긴 잘해.
I do speak English well.

잘난 척하긴.
Such a show-off.

*잘난 척하다 show off
*잘난 척하는 사람 show-off

우리가 많이 마시긴 마셔.
We do drink a lot.

맞아, 우리 좀 덜 마시자 앞으로.
Right. Let's drink less from now on.

*지금부터 From now
*지금부터 쭉 = 앞으로 From now on

~하기는 해? ~하기는 하는 거야?

~하는 건 그대로야? / ~하는 거 맞아? Are you sure~?

"우리 만나긴 해?"
(=만나긴 만나?)

"Are **we still** meeting?"

Be 주어 still 동사ing?

 실전대화

너 개랑 결혼하기는 하는 거야?
Are you still marrying him?

아마도.
Probably.

*아마도 (십중팔구, 80~90%의 가능성) probably

너 그만두기는 하는 거야?
Are you still quitting?

이미 다른 데 면접 봤어.
I already got an interview for somewhere else.

*딴 데, 다른 데 Somewhere else
*딴 사람, 다른 사람 Someone else
*딴 거, 다른 것 Something else

~하기는커녕

~는 고사하고

"걔 일하기는커녕 잠만 자."

"Let alone working he only sleeps."

Let alone 동사ing
Let alone 명사

 실전대화

영어 할 수 있어요?
Can you speak English?

영어는커녕 한국말도 못 해요.
Let alone English,
I can't even speak Korean.

화해하기는커녕 걔
다른 사람들한테 내 욕을 해.
Let alone making up with him,
he talks shit about me.

*욕하다 talk shit (=험담하다 bad mouth)
*욕설하다 swear

내가 걔 따끔하게 혼내 줄게.
I'll tell him off.

*야단치다, 혼내다 tell off

50

~하기라도 하지/했지

(명사)라도 하지 / 예) 자기라도 했지 = 잠이라도 잤지

"걔는 똑똑하기라도 하지."

"He is smart at least."

At least 주어 동사
주어 동사 at least

 실전대화

나 머리 아파.
My head hurts.

*아프다(신체) hurt(s)

너는 약이라도 먹었지.
At least you took medicine.

*약 먹다 take medicine
Medicine 주로 먹는 알약 등,, 화학적 제조된 약
medication 치료를 목적으로 하는 모든 것 약물치료

나 이거 사지 말 걸 그랬어.
I shouldn't have bought this.
(= I should've not bought this.)

너는 할인이라도 받았지.
At least you got a discount.

*할인받다 get a discount

51

~하기라도 해?/했어?

~하고 그런 거야?

"너 나 좋아하기라도 해?"

"Do you like me or something?"

질문형 문장 + or something?

 실전대화

내가 너 차 사다 줄게.
I'll buy you a car.

너 로또라도 당첨됐어?
Did you win the lottery
or something?

*lottery 발음: 라터리

너 걔한테 약속이라도 했냐?
Did you promise him
or something?

그런 셈이지.
It's something like that.

52

~하기로 했어 (1)

약속, 결정

"나 영어 공부 하기로 했다."

"I decided to study English."

주어 promised to 동사 ~하기로 약속했다
주어 decided to 동사 ~하기로 결정했다

 실전대화

나 담배 안 피우기로 결심했어.
I decided not to smoke.

잘 생각했어.
Good idea.

나 좋은 사람이 되기로 했어.
I decided to be a good man.

그래. 이제 걔 그만 괴롭혀.
There you go. Stop picking on him.

*괴롭히다 (들들 볶다) pick on 사람
*괴롭히다 (폭력적, 왕따 등) bully 사람

~하기로 했어 (2)

예정 / ~하기로 되어 있다 / ~하기로 예정되어 있다

"우리 만나기로 했어."

"We're supposed to meet."

주어 be(현재) supposed to 동사

 실전대화

우리 오늘 거기 가기로 했잖아.
We are supposed to go there.

우리 다음에 가는 게
나을 것 같아요.
I think we better go next time.

걔가 나 돈 빌려주기로 했어.
He is supposed to lend me money.

잘됐다.
That's good.

*~한테 돈을 빌려주다 lend 사람
*~한테 돈을 빌리다 borrow from 사람

54

~하기로 했었어

~하기로 되어있었다 (예정) / ~하기로 예정되어 있었다

"우리 오늘 만나기로 했었어."

"We were supposed to meet today."

주어 be(과거) supposed to 동사

 실전대화

왜 니가 책임을 져?
Why do you take responsibility?
(Why would you take responsibility?)

내가 책임지기로 했었어.
I was supposed to take responsibility.

*~에 대해 책임을 지다
take responsibility for ~

나 개랑 결혼하기로 했었어.
I was supposed to marry him.

근데 왜 헤어졌어?
Why did you break up though?

*~근데 though
보통 문장의 끝에 씀

~하기만 해/했어

오직 그것만 하다

"걔는 공부만 해."

"He only studies."

only 동사 / 형용사 ※동사, 형용사 앞에 위치

 실전대화

걔는 착하기만 해.
He is only nice.

착하면 됐지.
It's enough being nice.

어떻게 된 거야?
What happened?

나는 그냥 걔들 싸우는 거
구경하기만 했어.
I only watched them fight.

56

~하기만 하면 돼

다른 것은 할 필요 없다 / ~만 하면 돼

"너는 먹기만 하면 돼."

"All you have to do is eat."

All 주어 have to do is (to) 동사

 실전대화

저는 뭘 하면 돼요?
What can I do?

너는 기다리기만 하면 돼.
All you have to do is wait.

너는 영업을 맡기만 하면 돼.
(영업만 맡으면 돼.)
All you have to do is take sales.

그게 제일 힘들어.
That's the hardest.

*힘들어 – 더 힘들어 – 제일 힘들어
hard – harder – hardest

~하기 전에

A before B / B 하기 전에 A하다

"출발하기 전에 전화해."

"Call me before you leave."

before 주어 동사(현재, 과거) / 동사ing

 실전대화

전화하는 거 잊지 마!
Don't forget to call me.

*버스 타다/내리다 Get on/off
*택시,차 타다/내리다 Get in/out

내가 버스 타기 전에 전화할게.
I will call you before I get on the bus.
(=before getting on the bus.)

면을 넣기 전에 김치를 넣어.
Put in 김치 before
you put in the noodles.
(= before putting in the noodles.)

*~을 넣다 put ~ in = put in ~

순서가 있어?
Is there an order?

~하기에/~하기가

'~하기가 ~하다' 처럼 문장 형태로 말함

"이 차는
운전하기가
힘들어."

"This car is hard
to drive."

주어 be ~ to 동사

 실전대화

그 집은 청소하기가 힘들어.
That house is hard to clean.

*그 집을 청소하기는 힘들어.
It's hard to clean that house.

그런 것 같아.
I think so.

이유가 뭐야?
What's the reason?

너는 결혼하기에 너무 어려.
You're too young to get married.
It's too young to get married (x)

너가 생각하기 나름이야.
It depends on how you think about it.

그렇다 해도 너무 불공평해.
Even so, that's so unfair.

나 걔랑 결혼하기가 겁나.
I'm afraid to marry him.

왜? 걔가 너 때리거나 그래?
Why? Does he hit you or something?

일로 와 봐.
Come over here.

자기나 해!
Just sleep!

우리 같이 사업하기는 하는 거야?
Are we still doing business together?

아직 잘 모르겠어.
I'm not sure yet.

~하길 잘했어

~한 것은 잘된 일이다 (잘한 일이다) / 잘 됐다 ~해서

"너 안 오길 잘했다."

"It's a good thing you didn't come."

It's a good thing 주어 동사

 실전대화

우리 버스 타길 잘했다.
It's a good thing
we took the bus.

거봐.
I told you so.

*거봐,내가 뭐랬어/거봐,내가 그랬지
I told you (so).
※이미 예견했다는 식의 말투

너 걔랑 잘 헤어졌어.
It's a good thing
you broke up with him.

나도 그렇게 생각해.
I think so too.

*~와 헤어지다 break up with 사람

~하길래…

뒷말 생략됨 / ~해 그래서…

"어떻게 들어왔어?"
"문이 열려 있길래… "
(그래서 들어왔다.)

"How did you come in?"
"The door is open so…"

주어 동사 so…

 실전대화

왜 우산 버렸어?
Why did you throw away
your umbrella?

비가 그쳤길래…
(그래서 버렸다.)
It stopped raining so…

왜 똥 안쌌어?
Why didn't you take a shit?

휴지가 없길래…
(그래서 안 쌌다.)
There was no toilet paper so…

*두루마리 화장지 toilet paper
*티슈 tissue

~하길 바래

~하면 좋겠다는 마음

"빨리 나으시길 바래요."

"I hope you get well soon."

I hope to 동사
I hope 주어 동사 (주어가 내가 아닐 경우)

 실전대화

저 몸이 안 좋아서
오늘 못 갈 거 같아요.
I'm not feeling well so,
I don't think I can come.

*몸 상태가 안 좋다. 컨디션이 안 좋다.
I'm not feeling well.

빨리 나으시길 바래요.
I hope you get well soon.

너 좋은 여자친구가 생기길 바래.
I hope you get a nice girlfriend.

실은, 나 너한테 마음 있어.
Actually, I have a thing for you.

~하길 (천만)다행이다

~해서 (천만)다행이다 / 얼마나 다행인지 몰라

"너 합격하길 다행이다."

"Thank god you passed the exam."

Thank god 주어 동사
I'm glad 주어 동사

 실전대화

비가 그치길 천만다행이다.
Thank god it stopped raining.

아니야. 아직 비 와.
No. It's still raining.

나 지갑 찾아서 (천만)다행이다.
Thank god I found my wallet.

내가 찾을 거라 했잖아.
I told you (that) you would find it.

64

~하길 학수고대해

~하길 손꼽아 기다리다 / 목 빠지게 기다리다

"나 승진하길 학수고대해."

"I'm looking forward to **getting** a promotion."

I'm looking forward to 동사ing/명사

 실전대화

나 운전면허 따길 학수고대해.
I'm looking forward to
getting a driver's license.

왜 운전면허 따려고 그래?
Why are you trying to
get a driver's license?

**나 로또 당첨되길 목 빠지게
기다리고 있어.**
I'm looking forward to
winning the lottery.

일주일에 로또 몇 장 사?
How many lottery tickets
do you buy a week?

너 그거 안 먹길 잘했어.
It's a good thing you didn't eat that.

왜? 맛 없어?
Why? It's not good?

너 걔한테 왜 말했어?
Why did you tell him?

걔가 자꾸 물어보길래...
He kept asking me so...

나 로또 샀어.
I bought a lottery ticket.

당첨되시길 바래요.
I hope you win.

우리 예약하길 잘했다.
It's a good thing we made a reservation.

맞아.
Right.

~하건 말건

둘 중 어느 것이든 상관없이 / ~하든 말든

"내가 공부~하건 말건 신경 쓰지 마."

"Whether I study or not don't care."

Whether 주어 동사 or not

 실전대화

비 오면 어떡해?
What if it rains?

*비 오다 It rains
*눈 오다 It snows

비가 오건 말건 가자.
Let's go whether it rains or not.

내가 화장을 하든 말든
너가 왜 신경 써?
Whether I put on makeup or not,
why do you care?

널 좋아하니까.
Because I like you.

A 하건 B 하건

둘 중 어느 것이든 상관없이 / A 하든 B 하든

"내가 공부를 하건
일을 하건
신경 쓰지 마."

"Don't care whether
I study or work."

Whether 주어 동사 or 문장/동사/명사

 실전대화

고기를 먹건 국수를 먹건 내가 낼게.
I'll pay whether we eat
meat or noodles.

알았어. 그럼 고기 먹어야지.
Ok. Then, we should eat meat.

네가 택시를 타건 걸어가건
내가 집에널 데려다 줄게.
I will take you home whether
you take a taxi or walk.

아니야, 그러지 않아도 돼.
You don't have to do that.

(뭘, 누굴...) ~하건

여러 개중 어는 것이든 상관없이 / ~하는지는 몰라도

"어딜 가건
나한테 말해!"

"Wherever you go,
tell me!"

의문사ever 주어 동사

 실전대화

나 하고 싶은 거 있어.
There's something I wanna do.

너가 뭘 하고 싶건 하지 마.
Whatever you wanna do,
don't do it.

너가 누굴 만나건,
나한테 미리 알려줘.
Whoever you meet,
let me know in advance.

내가 전화했는데 너가 안 받았어.
I called you but
you didn't answer it.

*미리 in advance

69

비가 오건 눈이 오건 가자.
Let's go whether it rains or snows.

당연히 그래야지.
Of course, we should.

너가 누구랑 있건 당장 집에 와.
Whoever you're with, come home right now.

내 친구 내일 군대 가.
My friend is going to the army tomorrow.

너가 돈을 내건 걔가 내건 그건 중요하지 않아.
Whether you pay or he pays, that's not important.

그럼 뭐가 중요해?
Then what's important?

내가 집을 가건 말건 너가 왜 신경 써?
Why do you care whether I go home or not?

내가 널 좋아하니까.
Because I like you.

~하는 거야?

~하고 있어? / ~하는데?

"너 왜 우는 거야?"
(우는데?)

"Why are you crying?"

Be 주어 동사ing?

 실전대화

너 왜 웃는 거야?
(웃는데?)
Why are you laughing?

웃기니까.
Because it's funny.

걔는 왜 널 깔보는 거야?
(깔보는데?)
Why is he looking down on you?

*깔보다,얕보다 look down on 사람
*무시하다 (쌩까다) ignore

걘 건방져.
He is cocky.

(그게) ~하는 거야? (비아냥)

제대로 하지 않는 것에 대한 비아냥대는 말투 / 너는 (그걸) ~한다고 할 수 있냐? / ~하는 태도가 뭐냐?

"그게 먹는 거야?"
(=제대로 좀 먹어라)

"You call that eating?"

(Do) you call that 동사ing?

 💬 실전대화

그게 설거지하는 거야?
(그걸 설거지랍시고 하는 거야?)
You call that washing the dishes?

뭐 잘못됐나요?
Is there something wrong?

그게 먹는 거냐?
You call that eating?

저 항상 이렇게 먹어요.
I always eat like this.

*이렇게 like this
*저렇게 like that

72

~하는 거 좋아해

~하기 좋아해

"나 음악 듣는 거 좋아해."

"I like listening to music."

주어 like 동사ing
주어 like to 동사

 실전대화

항상 차 타고 출근하세요?
Do you always drive to work?

네, 저 운전 하는 거 좋아해요.
Yea, I like driving.

저 영어 공부하는 거 좋아해요.
I like studying English.

저두요. (저도 그래요.)
Me too. (So do I.)

*나도 me too
*나도 그래 (so am I, so do I)
상황에 따라 다르게

~하는 거 안 돼

~금지

"먹는 거 안 돼요."

(=금식이에요.)

"No eating."

No 동사ing

 실전대화

6시 이후 금식이에요.

No eating after 6.

물은 마셔도 괜찮아요?

Is it ok to drink water?

죄송한데요, 사진 찍는 거 안 돼요.

Sorry but, No taking pictures.

딱 한 장만 찍게 해주세요.

Let me take just one picture.

*사진 찍다 take a picture (a photo)
Take pictures (photos)

~하는 거 도와줘

~하는 거 = 동사원형

"나 영어 공부하는 거 도와줘."

"Help me study English."

 실전대화

우리 저 할머니 옷 갈아입으시는 거 도와주자.
Let's help that grandma change her clothes.

자상도 해라!
How sweet!

* ~해라!, ~하네!, ~하군! How 형용사
*자상한 sweet (스윗)
*땀 (땀 흘리다) sweat (스웨트)

너 나 지갑 찾는 거 도와줄 거야?
Are you gonna help me find my wallet?

얼마 줄 건데?
How much are you gonna give me?

~하는 거 봐

~하는 거 = 동사원형 or 동사ing

"쟤 먹는 거 봐." "Look at him eat."

look at / watch / see 사람(사물) 동사

 실전대화

우리 쟤들 싸우는 거 보자.
(구경하자.)
Let's watch them fight.

쟤들 왜 싸우는 거야?
Why're they fighting?

쟤 코 후비는 거 봐.
Look at him pick his nose.

와우, 쟤 피난다.
Wow, he's bleeding.

---

*(코,이,귀 등) 후비다 pick ~

*피 흘리다 bleed

~하는 것보다

비교할 때

비교할 때

"돈 버는 것보다 더 쉬워."

"It's easier than making money."

than 동사ing / than 주어 동사

 실전대화

배우는 건 가르치는 것보다 쉬워.
Learning is easier than teaching.

그래서 제가 돈 내잖아요.
That's why I pay you.

링겔 맞는 것보다 더 오래 걸려.
It takes longer than getting an I·V.

그럼 그냥 링겔 맞을게요.
Then, I'll just get an I·V.

*링거맞다 get an I·V
*주사 맞다 get a shot

~하는 거 맞아? (~한 거 맞아?)

~하는 것이 확실해? / 진짜 ~해?

"너 영어 배우는 거 맞아?"

"Are you sure you study English?"

Are you sure 주어 동사?

 실전대화

우리 술 한잔하자!
Let's have a drink!

너 아픈 거 맞아?
(너 진짜 아파?)
Are you sure you are sick?

걔가 너보다 2살 어린 거 맞아?
(진짜 어려?)
Are you sure
he is 2 years younger than you?

걔가 좀 늙어 보여.
He looks kind of old.
(=He looks a little old.)

*좀, 조금 kind of, a little

78

~하는 거 말인데(있잖아)···

~하는 거에 관해서인데··· / 말을 시작할 때 꺼내는 말

"너랑 결혼하는 거 말인데(있잖아)···"

"About marrying you···"

About 동사ing

 실전대화

너랑 사귀는 거 말인데···
About going out with you···

무슨 말을 하려는 거야?
What're you trying to say?

사진 올리는 거 말인데요···
about posting the picture···

말씀하세요~!
Go ahead~!

*(상대방에게) 하려던 것을 계속해라 Go ahead

79

~하는 거 말이 나온 김에

~하는 거 말이 나와서 하는 말인데

"알바 구하는 거 말이 나온 김에,**"**   **"Speaking of getting a part time job,"**

Speaking of 동사ing

 실전대화

우리 이혼하자.
Let's get divorced.

*이혼하다 get divorced / get a divorce

이혼하는 거 말이 나온 김에,
날짜 정하자.
Speaking of getting divorced,
let's set a day (a date).

우리 시간 안 정했나?
Didn't we set a time?

시간 정하는 거 말이 나온 김에,
넌 몇 시가 좋아?
Speaking of setting a time,
what time is good for you?

~하는 거 어때?

상대방에게 의견을 제안

"우리 여기서 만나는 게 어때?"

"How about we meet here?"

How about 동사ing?
How about 주어 동사?

 실전대화

너 개랑 화해하는 거 어때?
How about you make up with him?

*~와 화해하다 make up with ~

나 그럴 생각 없어.
I don't feel like it.

너가 개를 데리러 가는 게 어때?
How about you pick him up?

나 피곤해, 봐줘라.
I'm tired, give me a break.

*(한번) 봐주다 give 사람 a break

81

~하는 것처럼

~하듯이

"춤추는 것처럼
팔을 움직여!"

"Move your arms
like dancing!"

Like 동사ing/주어 동사

 실전대화

너 내가 가르치는 것처럼
가르칠 수 있어?
Can you teach like I teach?

내가 어떻게 할 수 있겠어?
How could I?

왜 넌 날 모르는 것처럼
행동하는 거야?
Why are you acting like you don't
know me?

우리 끝났어.
We're done.

*인간관계 (특히 남녀) 끝나다
We're done = we're through

~하는 거 다 했어

끝마쳤다 / 다 ~했어 / ~하는 거 다 끝났어 / ~하는 거 다 됐어

"나 청소
다 했어."
(=나 청소 끝났어.)

"I'm done clean**ing**."

I'm done 동사ing (with 명사).
Are you done 동사ing (with명사)?

 실전대화

다 고쳤어?
(고치는 거 다 됐어요?)
Are you done fixing?

네, 거의 다 됐어요.
I'm almost done.
(it's almost done.)

우리 지금 출발 해야 돼.
We have to leave now.

나 다 먹었어. 가자!
I'm done eating. let's go!

~하는 거랑 달라

~하는 거와는 달라

"가르치는 거는 배우는 거랑 달라."

"Teaching is different from learning."

주어 be different from 동사ing

 실전대화

이거는 그냥 춤추는 거랑 달라.
This is different from dancing.

뭐가 달라?
What's different?

그냥 이해하는 거랑은 다른 것 같아요.
I think it's different from just understanding.

맞아요. 연습이 필요해.
That's right. You need practice.

~하는 거랑 똑같아

~하는 거와 똑같아

"공부하는 거는 노래하는 거랑 같아."

"Studying is the same as singing."

주어 be the same as 동사ing

 실전대화

파마하는 거랑 똑같아요?
Is it the same as getting a perm?

그렇다고 할 수 있지.
You can say that.

여기서 일하는 것이 거기서 일하는 것이랑 똑같지 않아.
Working here is not the same as working there.

페이는 다르잖아.
The pays are different.

~하는 건 어떻게 됐어?

결과가 어떻게 되었냐?

"미국 가는 건 어떻게 됐어?"

"How did it go with (your) going to America?"

How did it go with 동사ing?

 실전대화

알바 구하는 건 어떻게 됐어?
How did it go (with) getting a part-time job?

잘 안됐어.
It didn't go well.

*잘됐다 It went well

사람 모으는 건 어떻게 됐어?
How did it go (with) getting people (= gathering people) together?

겨우 2명 모았어.
I only gathered 2 people.

86

~하는 건 어떻게 된 거야?

무슨 일이 일어났길래… / "How did it go?"와 뉘앙스 다름

"돈 보내는 건 어떻게 된 거야?"

"What happened to sending me money?"

What happened to 동사ing?

 실전대화

파티하는 건 어떻게 된거야?
What happened to having a party?

취소됐어.
It's been cancelled.

커피숍 오픈하는 건 어떻게 된 거야?
What happened to opening a coffee shop?

안 하기로 했어.
I decided not to.

~하는 건 그렇다 치고

~하는 것과는 별개로 (중요치 않음) / ~하는 건 하는 거지만 / ~하는 건 차치하고

"내가 바쁜 건 그렇다 치고,"
(=내가 바쁜 것도 바쁜 거지만)

"Aside from that I'm busy,"

Aside from (the fact) that 주어 동사
Aside from 동사ing

 실전대화

너가 실수한 건 그렇다 치고
미안하다 해야지.
Aside from (the fact) that you made a mistake, you should say sorry.

하려고 했는데.
I was going to.

교회에 안 오는 것은 그렇다 치고
집에서 기도는 왜 안 해?
Aside from not coming to church, why don't you pray at home?

앞으로 교회 안 빠질게요.
I won't skip going to church from now on.

*거르다 ~ 건너뛰다 Skip 동사ing

~하는 건 됐고

2가지 의미가 있음 / ~하는 건 관둬라 / ~하는 건 이제 충분하다

"돈 내는 건 됐고,"

"Forget about paying,"

Forget about 동사ing
It's enough 동사ing

 실전대화

날 도와주는 건 됐고, 너나 걱정해.
It's enough helping me.
Worry about yourself.

너가 알아서 할 수 있어?
Can you take care of it
yourself?

저녁 사는 건 됐고, 술이나 한잔 사.
Forget about buying me dinner,
just buy me a drink.

좋지!
Sounds good!

~하는 걸 깜박했어

~하는 걸 잊었어

"너한테 말하는 걸 깜박했어."

"I forgot to **tell you.**"

주어 forgot to 동사

 실전대화

나 오늘 라디오 듣는 걸 깜박했어.
I forgot to listen to the radio.

*라디오 듣다 listen to the radio
*TV 보다 watch TV

어떤 라디오 들어?
What kind of radio do you listen to?

환승하는 걸 깜박했어.
I forgot to **transfer.**

잤던 거야?
(자고 있었어?)
Were you sleeping?

~하는 거 아니지?

안 하는 거로 생각하며 재확인 / ~하지는 않지?

"비 오는 거 아니지?"

"It's not **raining**, is it?"

주어 don't/doesn't/isn't 동사/상태, do/does/is 주어?

 실전대화

너 여기 사는 거 아니지?
You don't live here, do you?

아니, 여기 자주 와, 친구 보러.
No, I come here often
to see my friend.

너 담배 피우는 건 아니지?
You don't smoke, do you?

폈었는데 끊었어요.
I used to smoke but I quit.

~하는 것(만) 빼고

그것을 제외하고는

"나 잘 있어, 돈 없는 거 빼고."

"I'm fine except I don't have money."

Except 동사ing
Except 주어 동사

 실전대화

너 뭐 잘해?
What're you good at?

나 다 잘해 돈 버는 거 빼고.
I'm good at everything
except (for) making money.

좋은 시간이었어.
내가 돈 낸 거 빼고는.
It was a good time
except I paid.

기분 좋게 안 들리는데.
It doesn't sound like you're happy.

~하는 게 나아(나을걸)

"주어 might wanna 동사" ~하는 게 좋겠는데 (부드럽게)

"우리 버스 타는 게 나아."

"We'd better take the bus."

주어'd better 동사 'd 생략 가능 (구어체)
주어 might wanna 동사

💬 실전대화

걔는 안 **나타나는** 게 나을걸.
(나을 텐데)

He better not show up.

*나타나다(약속장소 등) show up

나타나면 어떡 할거야?

What if he showed up?
(What if he shows up?)

나 신발 젖었어.

I got my shoes wet.

너 신발 **벗는** 게 나을걸.

You better take off your shoes.
(You might wanna take off your shoes.)

*벗다 take off ~ = take ~ off

93

~하는 게 익숙해

"주어 get used to 동사"로 익숙해지다, 익숙해지고 있다 등 활용 연습

"나 혼자 먹는 게
익숙해."

"I'm used to
eating alone."

주어 be used to 동사ing

 실전대화

밤에 일하는 거 힘들지 않아요?
Isn't it hard working at night?

이제는 익숙해요.
Now, I'm used to it.

왜 어제 잠을 잘 못 잤어?
Why didn't you sleep well
last night?

왜냐면 내가 바닥에서 자는 게
익숙하지가 않아서.
Because I'm not used to sleeping
on the floor.

~하는 게 불편해

~하는 게 마음이 편하지 않아

"나 너랑 같이 사는 게 불편해."

"I'm not comfortable (with) living with you."

I'm not comfortable (with) 동사ing

 실전대화

나 걔랑 대화하는 게 불편해.
I'm not comfortable talking with him.

*(사람이) 짜증나다 사람 be annoyed

왜? 걔가 널 짜증 나게 해?
Why? He makes you feel annoyed?

널 여기 혼자 두고 가는 게 편치 않아.
I'm not comfortable leaving you alone here.

난 괜찮아. 나 이제 어른이야.
I will be okay. I'm a grown-up now.

*(어른, 성인) a grown- up

95

~하는 게 아니야 (용도)

~하는 용도가 아니다 / ~하라고 있는 게 아니야 / ~하는 거 아니야

"이거 파는 거 아니야."

"This is not for sale."

주어 be not for 동사ing

 실전대화

돈은 쓰는 게 아니야.
Money is not for spending.

그럼 돈은 뭐 땜에 있어?
Then what is money for?

이 칼 요리하는 거 아니에요?
Is this knife for cooking?

그거 면도 하는 거예요.
That is for shaving.

~하는 게 아니야 (행동)

~하고 있지 않아 / ~하는 거 아니야

"나 우는 거 아니야."

"I'm not crying."

주어 be not 동사ing

 실전대화

나 깔보는 거야?
Are you looking down on me?

내가 널 깔보는 게 아니야.
I'm not looking down on you.

걔 니 남친 맞지?
He is your boyfriend, right?

나 걔랑 사귀는 거 아니야.
I'm not going out with him.

*~와 사귀다 go out with 사람
date 사람

~하는 게 아니었어 (후회)

~하지를 말았어야 했어 / 괜히 ~했어

"내가 여기 오는 게 아니었어."

"I should've never come here."

주어 should've never p.p
주어 shouldn't have p.p

실전대화

내가 널 믿는 게 아니었어.
I should've never trusted you.

그러려고 그런 게 아니야.
I didn't mean to.

우리 사귀는 게 아니었어.
We shouldn't have gone out.

그래도 좋은 때도 있었잖아.
Even so, we had a good time.

~하는 게 뭐 어때서

~하는 게 아무 문제 없다 / ※질문이 아님 / ※안 ~하는 게 뭐 어때서 not 동사ing

"여기서 사는 게 뭐 어때서."

"There's nothing wrong with living here."

There's nothing wrong with 동사ing

 실전대화

나 같은 남자랑 사귀는 게
뭐 어때서.
There's nothing wrong with
going out with a man like me.

내 말은 그게 아니야.
That's not what I mean.

속옷을 안 입는 게 뭐 어때서.
There's nothing wrong with
not wearing underwear.

그러게.
Tell me about it.

99

~하는 대로 (시간)

~하자마자

"집에 도착하는 대로 전화할게."

"As soon as I get home, I will call you."

As soon as 주어 동사

 실전대화

그거 끝나는 대로
내가 일 하나 더 줄게.
I will give you another job
as soon as you finish it.

나 좀 쉬게 해줘.
Let me take a break.

비 그치는 대로 출발하자.
Let's leave
as soon as it stops raining.

그칠 것 같지 않아.
It doesn't look like it will.

~하는 대로 (방향)

~하는 그대로 / ~하는 방향으로

"너가 **계획**한 대로."
"**계획**된 대로."

"As **you** planned"
"As **planned**"

As 주어 동사
As p.p (수동형)

 실전대화

내가 말하는 대로 하는 게 좋을걸.
You better do as I say.

다른 방법이 없나?
Is there any other way?

다 네가 원하는 대로 될 것 같아?
Do you think everything will
go as you want?

당연하지.
Of course.

~하는데도/~했는데도

~함에도 불구하고 / ~했는데도 (과거)

"나 돈을 많이 버는데도 행복하지 않아."

"Even though I make a lot of money, I'm not happy."

Even though 주어 동사

 실전대화

약을 먹었는데도 아직도 머리가 아파.
Even though I took medicine, my head still hurts.

약 언제 먹었어?
When did you take the medicine?

걔한테 여러 번 데이트 신청했는데도 걔가 거절했어.
Even though I asked her out many times, she rejected.

*데이트 신청하다 ask 사람out

걔가 널 안 좋아하나 봐.
She must not like you.

102

~하는 동안
~하는 사이에

"너 기다리는 동안 TV 보고 있을게."

"I will be watching TV while I'm waiting for you."

While 주어 be 동사ing

 실전대화

내가 설거지하는 동안 넌 방 청소를 해!
While I'm washing the dishes you clean the room!

너가 뭔데 나한테 시켜?
Who are you to order me?
(What are you to order me?)

*너가뭔데~해? Who are you to 동사?

내가 떡을 써는 동안 너는 물을 끓여.
While I'm slicing the rice cake, you boil water.

내가 떡 썰게.
I'll slice the rice cake.

*(얇게) 썰다 slide
*(깍둑) 썰다 chop

~하는 사이에

~하는 동안

"내가
자는 사이에."

"While I was **sleep**ing."

While 주어 be 동사ing

 실전대화

내가 화장실 가는 사이에 누군가
내 가방을 가져갔어.
While I was going to the bathroom,
somebody took my bag.

가방 안에 뭐 있어?
What's in the bag?

우리가 주차하는 사이에 누군가
사무실에 들어왔어.
Somebody came in the office
while we were parking.

없어진 거 없어?
Is anything gone?

~하는 만큼

~하는 정도로 대등하게

"나 너가 일하는 만큼 열심히 일해."

"I work as hard as you (work/do)."

as ~ as 주어 동사

 실전대화

너 얼마 낼 거야?
How much are you gonna pay?

너가 내는 만큼 내가 낼게.
I will pay as much as you pay.

걔가 널 좋아하는 만큼
나도 널 좋아해.
I like you as much as he likes you.

나한테 증명해요.
Prove it to me.

~하는 법(방법)

~하는 방법 / ~할 줄

"너 요리하는 법
알아?"
(=너 요리 할 줄 알아?)

"Do you know
how to cook?"

How to 동사

 실전대화

나 운전 못 해.
I can't drive.

내가 운전하는 법 알려 줄게.
I will let you know how to drive.

내가 기타 치는 방법을 전혀 몰라요.
(기타 칠 줄)
I don't know anything about to
how to play the guitar.

내가 가르쳐주면 되지.
I can teach you.

~하는 법이 없어

전혀 하지 않는다 / 늘 ~ 안 한다

"걔는 돈을 내는 법이 없어."

"He never pays."

주어 never 동사
주어 be never 상태

 실전대화

걔는 날 실망 시키는 법이 없어.
He never lets me down.

*실망시키다
let 사람 down/disappoint 사람

나는?
What about me?

걔는 제시간에 나타나는 법이 없어.
He never shows up on time.

*(장소에) 나타나다, 나오다 show up
* 제시간에, 시간 맞춰 on time
* 늦지 않게, 시간 안에 in time

그거 아주 나쁜 버릇인데.
That's such a bad habit.

107

~하는 척 해

~하는 거처럼 행동해 / act like ~

"너가 날 모르는 척 해."

"Pretend you don't know me."

Pretend to 동사
Pretend 주어 동사

 실전대화

돈 있는 척 하지 마.
Don't pretend you have money.

없는 척하는 거보다 낫잖아.
It's better than pretending
I don't have money.
(not to have money.)

너 왜 바쁜 척하는 거야?
Why are you pretending to be busy?

너가 싫으니까.
Because I don't like you.

108

(그래서) ~하는 거야

이유를 강조할 때 / 그것이 ~하는 이유야

"그래서 **내가 널 가르치는 거야.**"

"**That's why I teach you.**"

That's why 주어 동사

 실전대화

서울은 항상 차 막혀.
Seoul always has a lot of traffic.

그래서 내가 절대
버스 안 타는 거야.
That's why I never take a bus.

내가 부주의해.
I'm careless.

그래서 너가 물건을
잘 잃어버리는 거야.
That's why you often lose your stuffs.

*물건 stuff(s), thing(s)

(그렇게) ~하는 거야

그것이 ~하는 방법이다 / 방법을 강조!

"그렇게 **돈 버는** 거야."

(=돈은 그렇게 버는 거야.)

"That's how you make money."

That's how 주어 동사

 실전대화

나 매일 운동해.

I work out everyday.

그렇게 **살 빼는** 거야.
(살은 그렇게 빼는 거야.)

That's how you lose weight.

오늘 내가 쏠게.

It's on me today.

그렇게 **돈 쓰는** 거야.
(돈은 그렇게 쓰는 거야.)

That's how you spend money.

*dinner is on me.
저녁은 내가 쏜다.

110

(그게) ~하는 거야!

그것이 ~하는 것이다 / ~하는 것이 바로 그거다 / 대상 강조

"그게 내가
원하는 거야."
(=내가 원하는 게 그거야.)

"That's what I want."

That's what 주어 동사

 실전대화

너 돈 필요해?
Do you need money?

그게 내가 필요한 거야.
That's what I need.

그건 내가 원하는 게 아냐.
That's not what I want.

그럼 뭘 원해?
Then, what do you want?

(왜, 뭐…) ~하는지 몰라

~했는지 모르겠네 (궁금하다는 뜻) / 알쏭달쏭

"개가
왜 왔는지
모르겠네."

"I wonder
why he came."

I wonder 의문사 동사
I wonder 의문사 주어 동사

 실전대화

얼마나 오래 **걸리는지** 모르겠는데.
I wonder how long it takes.

오래 안 걸려.
It doesn't take long.

내가 몇 병을 마셨나 몰라.
I wonder how many bottles I drank.

너? 한 10병 마셨어.
You? Drank about 10 bottles.

~하는 한

~하는 이상 / ~하는 조건이라면 / ~하기만 하면

"내가 살아있는 한."

"As long as I'm alive."

As long as 주어 동사

 실전대화

너가 여기에 사는 한 (사는 이상),
내 말을 들어야 돼.
As long as you live here,
you have to listen to me.

무슨 룰이라도 있나요?
Are there any rules or something?

너가 포기 하지 않는 한
나도 포기 안 할 거야.
As long as you don't give up,
I'm not gonna give up.

절대 포기 안 할게요.
I'll never give up.

"내가
돈이 없는데
어쩌나."

"I'm afraid I don't
have money."

I'm afraid 주어 동사

 실전대화

점심 식사 후에 커피 한 잔 어때?
How about a cup of coffee
after lunch?

나 가야 하는데 어쩌나.
(어쩌면 좋냐)
I'm afraid I have to go.

지금 되는 방 있나요?
Do you have any room available
now?

지금 빈방이 없는데 어쩌죠.
(어쩌면 좋죠)
I'm afraid we have no vacancy.

114

내가 운전하는 게 아니었어.
I shouldn't have driven.

또 그러지 마.
Don't do that again.

걔 언제 나갔어?
When did he go out?

걔 내가 설거지 하는 사이에 나갔어.
He went out while I was washing the dishes.

왜 항상 차 안에서 식사하세요?
Why do you always eat in the car?

여기서 먹는 게 익숙해요.
I'm used to eating here.

전부 다 아는 것처럼 행동하지 마.
Don't act like you know everything.

내가 (그랬어)?
Did I?

~하라고 말해

주로 "말하다"와 결합 / ~하지 말라고 not to 동사

"개한테 오라고 말해." | "Tell him to come."

Tell 사람 to 동사

 실전대화

내가 개한테 그러지 말라고 했어.
I told him not to do that.

개가 또 그러면 어떡해?
What if he does that again.

*~하면 어떡해 What if 주어 동사

내가 너한테 조심하라고 말 안 했냐?
Didn't I tell you to be careful?

*조심하다 (주의를 기울여라) Be careful
*조심해! Look out (=watch out)

미안해, 내가 책임질게.
Sorry, I'll take responsibility.

(나보고) ~하라고?

나한테 ~하라고 말하는 거야? / 내가 하길 원해?

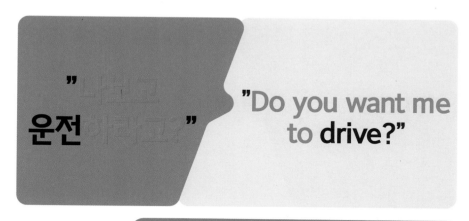

"운전 ~하라고?"

"Do you want me to drive?"

Do you want me to 동사?

💬 실전대화

나 거짓말하는 거 아니야.
I'm not lying.

나보고 **그걸 믿으라고?**
Do you want me to **believe that?**

이게 너한테 어울려.
This one looks good on you.

나보고 **이걸 입으라고?**
You want me to **wear this?**

*A가 ~한테 어울리다
A looks good on 사람

~하라고!/~하래도!

~하라고 말했잖아 / ~하라고!

"기다리"   "I said (to) **wait**."

I said (to) 동사

 실전대화

손 들고 있으래도!
I said (to) keep your hand up!

팔 아파요!
My arms hurt.

*~아프다: 신체 hurt(s)
*다치다: 주어(사람) hurt 신체

키를 오른쪽으로 돌리래도!
I said (to) turn the key
to the right.

아, 왼쪽이 아니라?
Ah, not the left?

머리를 올리라고!
I said (to) get your front hair up!

나 이마 안 이뻐.
My forehead is not pretty.

내가 걔한테 차 가져오라고 말했어.
I told him to bring his car.

여기 주차장 있어?
Is there a parking lot here?

너 차 있어?
Do you have a car?

마중 나오라고?
You want me to pick you up?

너 돈 얼마 있어?
How much money do you have?

나보고 내라고?
Do you want me to pay?

~하려고 해 / 그래 (생각)

~할까 생각 중이다 / 자주 '~하려고' 에서 문장을 끝냄 / ~할까 해 / ~할 생각이야

"나 그만두려고 해."

(=나 그만둘 생각이야.)

"I'm thinking about quitting."

주어 be thinking about 동사ing

 실전대화

너 영어 공부하려고?
(영어 공부할 생각이야?)

Are you thinking about
studying English?

응, 좋은 학원 알아?

Yea, do you know
any good institute?

*학원 academy, institute

누구랑 가려고?
(누구랑 갈 생각이야?)

Who are you thinking about
going with?

혼자!
Alone!

~하려고 해/~하려고 한다

~하려고 시도 / 애쓴다 / ~하려고 그러는 거야 / ~하려고 그래

"걔가 날 가르치려고 해."

"He tries/ is trying to teach me."

주어 try(tries) to 동사 (평소)
주어 be trying to동사 (현재를 강조 : ~ 하려고 한다)

 실전대화

재 버스 내리려고 한다,
못 내리게 해!
He is trying to get off the bus,
don't let him off.

왜 무슨 일이야?
What's going on?

재 운전하려고 한다, 말려라!
He is trying to drive, stop him!

저런 미친놈!
What a crazy man!

*감탄문: 저런(이런)~! 저런(이런) ~를 봤나! What a 명사
예) 이런 좋은 차를 봤나, 차 한번 좋네
What a nice car.

121

~하려고 하지 마

~하고자 애쓰지 마!

"날 가르치려고 하지 마."

"Don't try to teach me."

Don't try to 동사

 실전대화

돈을 많이 벌려고 하지마.
Don't try to **make money a lot.**

알았어, 적게 벌려고 할게.
Ok, I will **try to make a little.**

일들을 복잡하게 만들려 하지 마.
Don't try to **make things complicated.**

내가 알아서 할게.
I'll **take care of it.**

*Take care of~ ①돌보다 ②알아서 (처리)하다

~하려는 게 아니야

~하려고 애쓰는 것이 아니다 / ~하려고 그러는 게 아니야

"널 때리려는 게 아니야."

"I'm not trying to hit you."

주어 be not trying to 동사

 실전대화

절 신고 하려고요?
Are you trying to turn me in?

내가 널 신고하려는 게 아니야.
I'm not trying to **turn you in.**

*신고하다 turn 사람 in (= report 사람)
*자수하다 turn one's self in

안 웃겨.
That's not funny.

널 웃기려는 게 아니야.
I'm not trying to **make you laugh.**

123

~하려고 한 것이 (그런 것이) 아니었어

~할 뜻(의도)은 없었다 (일부러 한 것이 아니다)

"내가 널 때리려고 그런 게 아니었어."

"I didn't mean to hit you."

주어 didn't mean to동사

 실전대화

감히 날 바람 맞춰?
How dare you stand me up?

*바람 맞추다 stand 사람 up
*어떻게 감히 ~해? How dare 주어 동사?

그러려고 그런 게 아니었어.
I didn't mean to do it.

발을 밟으려고 한 게 아니었어.
I didn't mean to step on your foot.

조심하세요.
Be careful.

~하려고 했는데

~할 계획(작정)이었다

"나
짜장 먹으려고
했는데."

"I was gonna
eat 짜장."

I was gonna 동사

 실전대화

개가 데리러 왔어.
He came to pick me up.

내가 너 데리러 가려고 했는데.
I was gonna pick you up.

내가 너 해고하려고 했는데.
I was gonna fire you.

용서해 줘서 고마워요.
Thanks for forgiving me.

*~해서 고마워, ~한 거 고마워 Thanks for 동사 ing

A 하려고 B 해

A하기 위해서 B를 한다 / A하러 B해

"나 너 보려고 왔어."
(=나 너 보려왔어.)

"I came to see you."

주어 동사B to 동사A

 실전대화

여긴 어쩐 일이야?
What brings you here?

영어 공부하려고 왔어.
I came to study English.

여기 뭐 하러 오셨어요?
What did you come here for?

환불받으려고 왔어요.
I came to get a refund.

A 하려면 B 해

~하기 위해서는 / ~하고 싶으면

"들어가려면 돈 내."

"Pay to go in."

동사 to 동사

 실전대화

여기 앉으려면 얼마 내야 되나요?
How much should I pay to sit here?

언제 오실 예정이세요?
When will you be coming?

저기 들어가려면 줄 서야 되는데요.
You should line up to go in there.

아니에요. 저 그냥 둘러보는 거에요.
No. I'm just looking around.

내가 걔를 도와주려는 게 아니야.
I'm not trying to help him.

그럼 뭔데?
Then, what is it?

보험 들려고 든 게 아니었어.
I didn't mean to get insurance.

그럼 왜 들었어?
Then, why did you get it?

저 여기 돈 벌려고 온 거 아니에요.
I didn't come here to make money.

아, 그럼 여행 하시는 거에요?
Ah, then are you travelling?

나 여행 가려고 해.
I'm thinking about travelling.

누구랑?
With who?

~하면 돼?

"~할까요?"와 비슷

"저 어디에 앉으면 돼요?"

"Where can I sit?"

의문사 can 주어 동사?

 실전대화

버스 타려면
어느 쪽으로 가면 돼요?
Which way can I go to
take the bus?

저 쪽으로 가면 돼요.
You can go that way.

헐리우드 가려면 어디서
갈아타면 돼요?
Where can I transfer to get to
Hollywood?

다음 역에서 2호선으로
갈아타시면 돼요.
You can transfer to line 2
at the next station.

~하면 안 돼

불가능 / 허락되지 않음 / ~못해 / ~할 수 없다

"여기서 담배 피면 안 돼."

"You can't smoke here."

주어 can't 동사

 실전대화

여기 주차하면 안 돼요.
(주차 불가능 장소)
You can't park here.

주차비 내면 되잖아요.
I can pay for parking.

그거 떼면 안돼요!
You can't take that off!

아, 죄송해요. 몰랐어요.
Sorry, I didn't know.

*떼다 take ~ off

130

~하면 어떡해!

(주관적 생각이 들어감) ~하면 안 되지 / ~하지 않는게 좋다는 뜻

"날 오빠라 부르면 어떡해!"

"You shouldn't call me 오빠!"

주어 shouldn't 동사 / be 동사ing
★ can't 와 뉘앙스 구별할 것

 실전대화

너 치마 입으면 어떡해!
You shouldn't be wearing a skirt.

나는 치마만 입어.
I only wear a skirt.

동시에 2명을 사귀면 어떡해!
You shouldn't go out with
2 people at the same time.

*사귀다 go out with ~

아니야. 한 명은 그냥 친구야.
No, one of them is just my friend.

~하면 어떡해?

"만약 ~하면 어떻게 해야 돼?"에서 뒷말 생략

"개 안 오면
어떡해?"

"What if
he doesn't come?"

What if 주어 동사?

 실전대화

비오면 (어떡해)?
What if it rains?

비오면 가면 안 되지.
We shouldn't go if it rains.

나 걔랑 마주치면 어떡해?
What if I run into him?

그냥 인사해.
Just say "hi".

*~와 (우연히) 마주치다 run into 사람

~하면 (1)

"비오면 가지 말자."

Let's not go if it rains.

If 주어 동사

 실전대화

깎아주시면 살게요.
If you give me a discount, I'll buy it.

그냥 가세요~.
Just go~.

너무 멀면 가지 말자.
If it's too far, let's not go.

10분 밖에 안 걸려.
It only takes 10 minutes.

*(시간이) 걸리다 take(s)

~하면 (2)

~할 때 / ~하면 그때

"도착하면 전화해."

"Call me when you get home"

when 주어 동사

 실전대화

얼마나 오래 기다려야 돼요?
How long do I have to wait?

문이 열리면 들어 가세요
Go inside when the door opens.

너 크면 뭐 되고 싶어?
What do you want to be when you grow up?

*자라다, 크다 grow up

저 선생님 되고 싶어요.
I want to be a teacher.

~하면서

~하는 도중에

"우리 밥 먹으면서 TV 보자."

"Let's watch TV while **we eat.**"
(= while eating)
(= while we are eating)

While 주어 동사 / 주어 be 동사ing / 동사ing

 실전대화

바닥 걸레질 하면서 노래 부르지 마!
Don't sing while (you are)
mopping the floor!

*대걸레질하다 (동사) mop
대걸레 (명사) mop

왜 안돼요?
Why not?

**내가 버스에서 내리면서
어떤 사람 발을 밟았어.**
I stepped on someone's foot
while (I was) getting off the bus.

그래서 어떻게 됐어?
So what happened?

*(버스,기차) 내리다 get off ~
(차, 택시) 내리다 get out of ~

135

~하면 안 될까?

해달라는 정중한 부탁의 표현

"담배 좀 꺼주시면 안 될까요?"

"Do you mind putting the cigarette out please?"

Do you mind 동사ing?
Do you mind if 주어 동사?

 실전대화

차 좀 빼주시면 안 될까요?
Do you mind getting your car out?

*(차, 못 등을) 빼다 get ~ out

**네, 가고 있어요.
5분만 기다려 주시겠어요?**
I'm on my way. Will you wait 5 minutes?

저 여기 좀 앉으면 안 될까요?
Do you mind if I sit here?

아니요, 괜찮아요, 그러세요.
No, it's ok, go ahead.

걔가 나 오라고 하면 어떡해?
What if he tells me to come?

안 그럴걸!
He wouldn't.

내가 널 어떻게 도와주면 돼?
How can I help you?

돈을 좀 주면 돼.
You can give me some money.

버스 내리면서 전화할게.
I'll call you while I'm getting off the bus.

그래, 기다리고 있을게.
OK, I'll be waiting.

히터 좀 켜 주시면 안 될까요?
Can you turn on the heater?

죄송해요. 히터가 안 돼요.
Sorry. The heater doesn't work.

~하자!

~하죠 / ~합시다

"우리 맥주 마시자."

"Let's drink beer."

Let's 동사

 실전대화

우리 버스 타자.
Let's take the bus.

아니야 지하철이 더 빨라.
No, the subway is faster.

*빠른 fast, 더 빠른 faster

우리 마사지 받자.
Let's get a massage.

좋지, 어디 좋은데 알아?
Sounds good.
Do you know any good place?

*massage 머싸쥐 (강세주의)

~하지 말자!

~하지 말죠! / ~하지 맙시다! / ~하지 마요!

"우리 맥주 마시지 말자."

"Let's not drink beer."

Let's not 동사

 실전대화

우리 여기서 놀지 말자.
Let's not hang out here.

왜? 딴데 가고 싶어?
Why? You wanna go somewhere else?

우리 대출 받지 말자.
Let's not get a loan.

걱정 마. 내가 갚을 수 있어.
Don't worry about it. I can pay off.

*대출 받다 take/get a loan
*빚, 대출 갚다 pay off

139

~하자(고) 해/했어

~하자 말해

"내가
가자 했어."

"I said let's go."

 실전대화

내가 집에 가자고 했더니
너가 노래방 가자 했어.

I said let's go home and you said
let's go to the singing room.

내가?
Did I?

내가 오늘 만나자 했는데
너가 안된다 했다.

I said let's meet today and
you said "No".

나 안된다고 안 그랬어.
I didn't say "no".

140

~하자마자

~하고 나서 바로 (즉시) / 거의 동시에

"내가 집에 도착하자마자 전화할게."

"I'll call you as soon as I get home."

As soon as 주어 동사

 실전대화

너 어제 많이 마셨지, 어?
You drank a lot yesterday huh?

응, 집에 가자마자 쓰러졌어.
Yea, I passed out as soon as
I got home.

*기절하다, 쓰러지다 pass out

저 고등학교 졸업하자마자
결혼했어요.
I got married as soon as
I graduated from high school.

일찍 결혼 했네요!
You got married early!

*~를 졸업하다 graduate from

141

~하지(해야지)

~해야 되는데 / 강제적이 아닌 주관적인 느낌

"너 개랑 화해해야지."

"You should make up with him."

주어 should 동사

💬 실전대화

나한테 보상 해줘야지.
You should make it up to me.

제가 어떻게 보상하면 되나요?
How can I make it up to you?

*~한테 보상해주다 make it up to 사람

라면 먹으려면 물을 끓여야지.
You should boil water to eat 라면.

우리 라면 다 떨어 졌어.
We're out of 라면

*~다 쓰고 없다 (떨어지다)
Be out of ~ = ~ be out

142

~하지! (강조)

동사를 강조하는 표현 / 톤 악센트 주의 (당연히, 물론) / ~하고 말고

"나 여행 좋아하지."

"I do like **traveling**."

주어 do/does 동사

 실전대화

많이 마셔?
Do you drink a lot?

나 많이 마시지.
I do drink a lot.

*마시다 drink
마셨다 drank

니 개 물어?
Does your dog bite?

우리 개 물지.
My dog does bite.

*물다 bite (바이트)
물었다 bit (비트)

143

~하지도 마!

~도 하지마 / ~하는 거 조차 말아라

"나한테 전화 하지도 마!"
(=나한테 전화도 하지마!)

"Don't even **call me!**"

Don't even 동사!

 실전대화

나 쳐다보지도 마!
(나 쳐다도 보지 마.)

Don't even **look at me!**

아직도 화났어?

Are you still angry?

꿈도 꾸지 마!
(꿈 꾸지도 마.)

Don't even **dream of it.**

그림의 떡인 거 알아

I know it's a pie in the sky.

*그림의 떡 (관용어) a pie in the sky
누워서 떡 먹기 a piece of cake

144

~하지도 못해

(심지어) ~도 못해 / ~조차도 못해

"나 걷지도 못해."

"I can't even walk."

주어 can't even 동사

 실전대화

많이 아파?
Does it hurt a lot?

나 움직이지도 못해.
I can't even move.

나 무릎을 구부리지도 못해.
I can't even bend my knees.

양쪽 무릎을 다 다쳤어?
Did you hurt both of your knees?

~하지도 못했어

~조차도 못했어 / ~도 못했어

"나 걷지도 못했어."

"I couldn't even walk."

주어 couldn't even 동사

 실전대화

개가 뭐래?
What did he say?

개랑 전화 연결 되지도 못했어.
I couldn't even **get a hold of him.**

*~와 전화 연결되다
Get a hold of 사람

말 타는 거 재미 있었어?
Did you enjoy riding a horse?

말에 올라타지도 못했어.
I couldn't even **get on the horse.**

*말을 타다 ride ~
말에 올라타다 get on ~

~하지도 않아

주로 "~도 안 해"라고 쓰인다 / 심지어 ~ 조차도 안 해

"걔 일하지도 않아."

(=걔 일도 안 해.)

"He doesn't even work."

주어 don't/doesn't even 동사
★상태일 경우 주어 be not even 상태

 실전대화

걔 나한테 전화하지도 않아.
(걔 나한테 전화도 안 해.)

He doesn't even call me.

너 걔랑 싸웠어?

Did you fight with him?

걔는 개 안좋아해?

Doesn't he like dogs?

걔 지 강아지한테 밥도 안 줘.

He doesn't even feed his dog.

*(밥) 먹이다, 먹이 주다 feed, fed (과거형)

147

~하지 그래?

~하라는 뜻 / ~하는게 어때?

"더 먹지 그래?"   "Why don't you eat more?"

Why don't you 동사?

 실전대화

개들이랑 협상을 하지 그래?
Why don't you **negotiate** with them?

소용없어.
It's no use.

니네들 합숙하지 그래?
Why don't you **guys do a camp**?

그거 좋은 생각인데.
That's a good idea.

148

~하지 말라고 (말해) / 하지 말래

~하지 말라 해 / Say not to 동사

"개한테 오지 말라고 말해."

"Tell him not to come."

tell 주어 not to 동사

 실전대화

내가 핥지 말라고 말했지!
I told you not to lick!

*(혀로) 핥다 lick
*(쭉쭉) 빨다 suck

너가 그랬어?
Did you?

내가 너 낄낄거리지 말라고 말했지!
I told you not to giggle!

*낄낄거리다, 키득거리다 giggle

미안, 내가 깜빡했어.
Sorry, I forgot.

149

~하지 않고

~하지 않은 채 / 안 ~하고 / ~하지 않은 상태로

"나 엄마한테 말하지 않고 왔어."
(=나 엄마한테 안 말하고 왔어.)

"I came without telling my mom."

Without 동사ing

 실전대화

복습 안 하고 오셨어요?
(=복습 안한 채)
Did you come without reviewing?

네, 시간이 없었어요.
Yea, I had no time.

쉬지 않고 계속 일 했어야지.
You should've kept working without taking a break.

저 일하는 기계 아니에요.
I'm not a working machine.

~하지만 않으면

그러한 조건만 된다면 (안 하기만 하면)

"우리 걸리지만 않으면 괜찮아."

"It' ok as long as we don't get caught."

as long as 주어 be not 상태
as long as 주어 don't/doesn't 동사

 실전대화

너가 말썽만 피우지 않으면
다 괜찮아.

As long as you don't make
troubles, everything is fine.

나 말썽 피운 적 없어.

I've never make any troubles.

금방 마를까 모르겠어.

I wonder if it will be dried soon.

비가 오지만 않으면 금방 마를거야.

As long as it doesn't rain, it's gonna
be dried soon.

151

나 돈 내지 않고 먹었어.
I ate without paying.

공짜로 먹었다는 말이야?
You mean you ate it for free?

누가 너한테 사진 찍지 말라고 말했어?
Who told you not to take a picture?

저기 검정 양복 입은 남자.
That man in a black suit over there.

나랑 화해하려면 미안하다 해야지.
You should say sorry to make up with me.

방금 미안하다 했잖아.
I said "sorry" earlier.

입 다물지 그래?
Why don't you shut up?

못 해요. 턱을 다쳤어.
I can't. I hurt my chin.

152

~한 거 미안해/고마워

~해서 미안해 / ~해서 고마워

"넌 때린 게 미안해."

"Sorry for hitting you."

Sorry for 동사ing / to 동사
Thanks for 동사ing * for not 동사ing 안 ~한 거, 안 ~해서

 실전대화

넌 바람 맞춘 거 미안해.
I'm sorry for standing you up.

이제 익숙해.
I'm used to it (now).

*바람 맞추다 Stand 사람 up
*~에 익숙하다 Be used to ~

나 돈 빌려준 거 고마워.
Thank you for lending me money.

언제 갚을건데?
When are you gonna pay back?

~한 거 후회해, ~했던 거 (과거에)

과거를 표현하기 때문에 항상 동사ing

"나 여기 온 거 후회해."

"I regret coming here."

주어 regret 동사ing
주어 regret not 동사ing (안 한거 후회해)

 실전대화

나 여기서 일한 거 후회돼.
I regret working here.

그냥 경험이라고 생각해!
Just think of it as an experience!

너한테 주차 시킨 것 후회해.
I regret making you park.

다음부터 나한테 주차 시키지마.
Don't make me park next time.

*~에게 (일) 시키다 Make 사람 동사

~한 거 기억나 (잊어)

(과거에) ~했던 거 기억나 (잊어) / ※안 한거: not 동사ing

"나 똥 싼 거 기억나."

"I remember taking a shit."

주어 remember 동사ing
주어 forget 동사ing

 실전대화

나한테 전화하라고
말한 거 기억나?
Do you remember telling
me to call?

오늘이었어?
Was it today?

나한테 욕한 거 기억나?
Do you remember
swearing at me?

*욕설하다 swear

내가 "fuck you"라고 한 거 기억나.
I remember saying "fuck you."

155

~한 거 치곤

~한 거로는

"2시간 일한 거 치곤 나쁘지 않네."

"It's not bad for working 2 hours."

For 동사ing

 실전대화

1년 공부한거치곤 영어 잘하네.
Your English is good for
studying 1 year.

제가 똑똑해요.
I'm smart.

밤 샌 거 치고 안 피곤해 보이네.
You don't look tired for
staying up all night.

그냥 그래 보일 뿐이야.
I just look so.

~한 거 축하해

과거의 일한 것에 대해 축하를 한다

"승진 축하해."

(=승진 축하해.)

"Congratulations on getting a promotion."

(= congratulations on your promotion.)

Congratulations on 동사ing/명사

 실전대화

커피 샵 오픈하신 거 축하해요~.
Congratulations on opening your coffee shop~.

감사합니다. 오늘은 제가 쏠게요.
Thank you. Today, it's on me.

*~가 쏜다 is on 사람
*서비스다 It's on the house

시험 합격 하신 거 축하해요~.
Congratulations on passing the exam~.

감사합니다. 운이 따랐던 거 같아요.
Thank you. I think I got lucky.

처음 ~한 거야 / 처음 ~하는 거야 / ~한 거 두 번째야, 세 번째야

"나 소주 마신 거 처음이야."
(=소주 처음 마시는 거야.)

"It's my first time drinking 소주."
(= to drink 소주)

It's one's first time 동사ing
It's one's first time to 동사

 실전대화

 걔 나 데릴러 온 거 처음이야.
(걔 나 처음 데릴러 온거야.)
It's his first time picking me up.

걔랑 헤어지지 그래.
Why don't you break up with him?

 나 로또 된 거 2번째야.
(나 2번 로또 된거야.)
It's my second time winning the lottery.

 넌 참 운이 좋아.
You're so lucky.

158

~한 셈이야

~한 거나 다름없다 / ~따지고 보면 그렇다

"내가 돈 낸 셈이야."

"I practically paid."
"Practically, I paid."

주어 practically/technically 동사(과거)
Technically/Practically 주어 동사(과거)

 실전대화

내가 할인을 받은 셈이지.
(따지고 보면 할인 받았지.)

I technically got a discount.
(= Technically, I got a discount.)

운 좋네.
You're lucky.

나 월급이 인상된 셈이야.

I technically got a raise.
(= Technically, I got a raise.)

*월급이 인상되다 get a raise
*승진하다 get a promotion

그럼 오늘 너가 한 잔 사는거야?
Then, are you buying me a drink today?

~한 후에

~하고 나서

"배운 ~후에~ 계속 연습해야 돼."

"After you learn, you have to keep practicing."

after 주어 동사
after 동사ing

 실전대화

개 로또에 당첨 된 후에 계속 로또 사.

He keeps buying lottery tickets after he won the lottery.

바보네.
What a fool.

*바보네, 그런 바보를 봤나! What a fool

개가 내 문자를 본 후에 계속 모른 척해(무시해).

He keeps ignoring me after he saw my text.

개 포기해라.
Give up on him.

*~를 포기하다 give up on

~한 중(에) 제일

여지껏 ~한 제일의 ~이다 / ※그냥 문장 구조를 외울 것

"내가 본 영화 중 최악 이야."

"It's the worst movie I've ever seen."

(= The movie is the worst I've ever seen.)

주어 be the 최상급 + 주어 have ever p.p

실전대화

내가 본 집 중에 제일 커.
It's the biggest house
I've ever seen.

*큰 - 더 큰 - 가장 큰
big - bigger - biggest

방이 몇 개 있어?
How many rooms does it have?

**내가 가본 곳 중에
제일 아름다운 곳이야.**
It's the most beautiful place
I've ever been to.

*나 ~ 가봤어. (가본 적 있어.)
I have been to ~

다음에 나 데리고 가.
Take me there next time.

*아름다운 - 더 아름다운 - 가장 아름다운
beautiful - more beautiful - most beautiful

161

~한다

1. 현재 하고 있다 (=하는 중이다) / 2. 확정된 미래의 일을 말할 때 (상황에 따라 판단해야 함)

"나 내일
부산 간다."

"I'm going to 부산
tomorrow."

주어 be 동사ing

 실전대화

뭐하고 있어 ?
What are you doing?

밥 먹는다. (밥 먹고 있어.)
I'm eating.

우리 3시에 출발한다.
We're leaving at 3.

더 일찍 출발 해야하지 않아?
Shouldn't we leave earlier?

162

~한다니까! (~하다)니까!

~했다니까! / ~할 거라니까 (그러네…)! / 강조할 때

"내가 너 좋아   "

"I'm telling you I like you! "

I'm telling you 문장

 실전대화

나 돈 없어.
I don't have money.

내가 낼 거라니까!
I'm telling you I'm gonna pay!

걔 너한테 거짓말하는 거라니까.
I'm telling you he's lying to you.

그럴 리가 없어.
No way.

*걔 거짓말해 (평소) he lies.
걔 거짓말 하는 거야 (지금) he is liying.

163

너 2병 마신 거 치곤 안 취했다.
You're not drunk for drinking 2 bottles.

나 잘 마셔.
I'm good at drinking.

걔가 날 찬 셈이야.
Technically, she dumped me.

너는 그래도 싸.
You deserve it.

너 공부 열심히 안 한 거 후회하니?
Do you regret not studying hard?

항상 하지.
I always do.

넌 내가 가르쳤던 학생 중에 제일 똑똑해.
You're the smartest student I've ever taught.

그럴리가요.
No way.

~할 계획이야?

~할 작정이야?

"너 서울로 이사 갈 계획이야?"   **"Are you planning to move to Seoul?"**

Are you planning to 동사?

 실전대화

몇 명 초대할 계획이야?
How many people are you planning to invite?

가능한 많이.
As many as possible.

어떤 사업을 할 계획이에요?
What kind of business are you planning to do?

교육 사업을 할 계획이에요.
I'm thinking about education business.

~할래? ~하시겠어요?

~하고 싶냐고 물어보는 것

"너 올래?"

"Do you want to come?"

(=wanna come?)

Do you wanna 동사?
Would you like to 동사?

 실전대화

너가 직접 걔한테 물어볼래?

Do you wanna ask him yourself?

응, 전화번호 줘.

Yea, give me his phone number.

너 버스로 올래,
아니면 지하철로 올래?

Do you wanna come by bus or
by subway?

나 택시 타려고 했는데.

I was gonna take a taxi.

~할게

~하겠습니다

"내가 다시 전화할게."

"I'll call you back."

I'll 동사

 실전대화

이번에 니가 내.
내가 다음에 낼게.
This time, you pay.
I'll pay next time.

우리 그냥 더치페이하자.
Let's just split the bill.

나 여기 내려줘.
Drop me off here.

신호등에 내려줄게.
I'll drop you off at the light.

*차에서 내려주다 Drop 사람 off

~할 거야 (~할 건데)

~하려고 맘 먹었다 (이미 결정)

"나 여기에 앉을 거야."

"I'm gonna sit here."

주어 be going to 동사
주어 be gonna 동사

 실전대화

걔 어떡할 거야?
What are you gonna do about him?

나 걔 후려칠 거야.
I'm gonna smack him.

나 고양이 키울 거야.
I'm gonna raise a cat.

나도 고양이 키우고 있어.
I'm raising a cat too.

A 할 거니까 B 해/하자

~할 거야 그러니까.. / ~할 테니까

"내가 데리러 갈 거니까 기다려."

"I'm gonna pick you up so wait!"

주어 be gonna 동사 so ~

 실전대화

**내가 전단지 돌릴 테니까
넌 전단지를 주워.**
I'm gonna hand out the flyers so
you pick them up.

*돌리다, 나누어 주다 hand out
*내다, 제출하다 hand in

너가 둘 다 해!
You do both!

**내가 앞문을 맡을 거니까
넌 뒷문을 맡아.**
I'm gonna take the front door so
you take the backdoor.

싫어. 너가 뒷문 맡아.
No, you take the back door.

~할 거라(고) 말해

~하라고 / 'to 동사'랑 혼동하지 말 것

"너가 낼 거라고 말해."

"Say (that) you will pay."

Say (that) 주어 will/be gonna 동사
Tell 사람 (that) 주어 will/be gonna 동사

💬 실전대화

그만둘 거라고 말해.
Say (that) you're gonna quit.

그럴 수 있다면 좋겠다.
I wish I could.

*~할 수 있다면 좋을 텐데 I wish 주어 could
("할 수 없다"는 의미를 다르게 표현한 것임)

걔가 나한테 프로포즈 했어.
He proposed to me.

걔한테 결혼 안 할 거라 말해.
Tell him (that) you won't marry him.
(you're not gonna marry him.)

*프로포즈하다 propose to 사람

~할 거 같아

나는 ~할 거라고 생각해

"나 늦을 거 같아."

"I think I'm gonna be late."

I think 주어 will 동사
I think 주어 be gonna 동사

 실전대화

나 시험 붙을 거 같아.
I think I will pass the exam.

확실해?
Are you sure?

아무도 안 올 거 같아.
I think nobody will come.

그럴 리가.
No way.

~할 거(게) 있어

~할 거 없어 : nothing to 동사

"나 너한테 말할 거 있어."

"I have something to tell you."

※주어를 말하고 싶거나 말해야 될 경우
주어 have something/nothing to 동사
There is something/nothing to 동사

 실전대화

나 차에 넣을 거 있어.
I have something to put in the car.

그래! 그럼 트렁크에 넣어.
You do? Then put it in the trunk.

우리 살 거 있어.
We have something to buy.

미리 말을 했어야지.
You should've told me in advance.

~할 거 알았어 (알고 있었어)

~할 것이라는 것을 알고 있었다

"난 너가 올 거 알았어."

"I knew you would come."

주어 knew 주어 would 동사

 실전대화

나 오래 걸릴 거 알고 있었어.
I knew it would take long.

난 전혀 몰랐어.
I didn't know at all.

난 너 타이어 펑크 날 거 알았어.
I knew you would get a flat tire.

너가 뭐 점쟁이야?
Are you what a psychic?

*펑크나다 get a flat tire

173

~할 거라고는 / ~하리라고는 생각 못했어 / 예상치 못한 일이 일어났을 때

"난 너 올 거 생각 못했어."

"I didn't expect you to come."

주어 didn't expect 사람 to 동사
주어 didn't expect 주어 would 동사

 실전대화

난 우리가 만날 거 생각 못했어.
I didn't expect us to meet.

그러게. 세상 한 번 좁네!
Tell me about it,
what a small world!

난 너가 나한테 데이트
신청하리라고는 생각 못했어.
I didn't expect
you would ask me out.

그래서 Yes or No?
So, yes or no?

~할 걸 그랬어

안 한 것에 대한 후회 / ~했어야 했는데

"나 지하철 탈 걸 그랬어."

"I should've taken the subway."

주어 should have/should've p.p

(p.p = 동사의 과거 분사)

 실전대화

우리 우회전 할 걸 그랬다.
We should've taken a right.

아니야, 이게 지름길이야.
No, this is the shortcut.

우리 저 배경으로 사진 하나 찍을 걸 그랬다.
We should've taken a picture with that in the background.

여기 사진 촬영 금지야.
No taking pictures here.

175

~할 거지?

~할 거라고 나는 생각하는데, 맞지? / 상대방의 동의를 구하는 말 (질문이 아님) / ~할 거 맞지?!

"너 집에 갈 거지?"

"You're gonna go home, aren't you?"

You're gonna동사, aren't you? ↘(끝을 내림)

 실전대화

나 기다릴 거지?
You're gonna wait for me,
aren't you?

얼마나 오래 기다려야 돼?
How long do I have to wait?

너 커피 마실 거지?
You're gonna drink coffee,
aren't you?

아니, 나 지금 막 마셨어.
No, I just drank.

~할 건 아니지? ↑

안 할 거라는 대답을 기대하며 하는 말 / 안 할 거지, 그치?

"날 때릴 건 아니지?"

"you're not gonna hit me, are you?"

You're not gonna 동사, are you?

 실전대화

너 그만둘 건 아니지?
You're not gonna quit, are you?

내가 왜 그만둬? 나 돈 벌어야지.
Why would I quit?
I should make money.

그거 입고 학교 갈 건 아니지?
You're not gonna go to school
in that, are you?

그만 잔소리 해!
Stop nagging me!

*~입고, ~차림으로 in ~

177

(우리, 나) ~할까?

"우리 ~할까", "나 ~할까"처럼 상대방에게 "그래야지 않냐"는 질문

"우리 여기에 주차할까?"

"Should we park here?"

Should we/I 동사?

 실전대화

나 몇 번 버스 탈까?
What number bus should I take?

207번 타세요.
Take number 207.

물 좀 더 넣을까?
Should I put in some more water?

응, 좀 짜!
Yea, it's kind of salty.

*짠 salty
*소금 salt

~할까 봐 겁나(두려워)

~자신의 의지가 아닌 어떤 일이 일어나는 것(일어날 것)이 두렵다 / ~하는 게 겁나 / ~하게 되는 것이 겁나

"나 돈 잃을까 봐 겁나."

"I'm afraid of losing **my money.**"

I'm afraid of 동사ing

 실전대화

왜 운전 안 배워?
Why don't you learn driving?

차 사고 날까 봐 겁나.
I'm afraid of **having** a car accident.

더 마실래?
Do you wanna drink more?

아니요, 난 됐어. 술 취할까 봐 겁나.
No, I'm good. I'm afraid of
getting drunk.

*(사양할 때) 아니요, 됐어요.
No, I'm ok./ No, I'm good./ No, thanks.

179

까먹기 전에 다시 한 번

난 비 올 거 알았어.
I knew it would rain.

나한테 말했어야지.
You should've told me.

너 도박할 건 아니지?
You're not gonna gamble, are you?

나 그럴 돈 없어.
I don't have money for that.

이번에 봐줄거니까 다음엔 실수하지 마.
I'm gonna give you a break so don't make a mistake next time.

감사합니다. 실수 안 할게요.
Thank you, I won't make a mistake.

너한테 보여줄 거 없어.
I have nothing to show you.

설마...
Please don't tell me...

"나는 공부할 때 음악 들어."

"I listen to music when I study."

When 주어 동사

 실전대화

너 걔 만날 때 뭐 먹어?
(=너 걔 만나면)

What do you eat when you meet him?

그때 그때 달라.

It depends.

내가 먹으라고 할 때 먹어.
(=내가 먹으라고 하면)

You eat when I say "eat".

빨리 먹고 싶어.

I can't wait to eat.

~할 때마다

~하기만 하면

"나 영어 할 때마다."

"Every time I speak English."

Every time 주어 동사

 실전대화

너 왜 소주 못 마셔?
Why can't you drink?

소주? 나 소주 마실 때마다 토해.
I throw up every time I drink 소주.

*토하다 throw up

일어날 때마다 허리가 아파.
Every time I stand up,
my back hurts.

병원에 가지 그래?
Why don't you go to the hospital?

~할 때까지

미래일 경우에도 동사는 현재형을 쓴다

"나 퇴근할 때까지 기다려."

"Wait until I get off work."

Until 주어 동사

 실전대화

내가 돌아올 때까지 계속 일해.
Keep working until I come back.

좀 쉬어도 되죠? 중간에.
I can take a little break
in the middle, right?

너가 혼자 살 정도로 돈을 벌 때까지
내가 도와줄게.
Until you make enough money
to live alone, I will help you.

너밖에 없다.
You're the only one that I have.

~할 때쯤에(는)

~할 무렵에(는) / ~했을 때쯤에 (과거)

"너가 여기 도착
할 때쯤에는."

"By the time
you get here."

By the time 주어 동사

 실전대화

우리가 인생의 의미를 알 때쯤에는.
By the time we realize
the meaning of life.

무슨 말을 하려는 거야?
What are you trying to say?

내가 학교를 졸업 했을 때쯤에
알바를 시작했어.
By the time I graduated from
my school, I started a part time job.

아, 그러시구나.
I see.

~할 때가 아니야

~하지 말아야 한다 / ~하고 있을 때가 아니야 / 의미상 "~하고 있을 때가 아니야"가 맞다

"지금 싸우고 있을 때가 아니야."

"This is not the time to be fighting."

This is not the time to 동사
This is not the time to be 동사ing

 실전대화

내가 물어볼게.
I'll ask.

아니야. 지금 물어볼 때가 아니야.
This is not the time to be **ask**ing.
(= This is not the time to **ask**.)

우리 좀 자자.
Let's get some sleep.

지금 자고 있을 때가 아니야.
This is not the time to be **sleep**ing.

185

비가 억수로 오네.
It's raining cats and dogs.

비 그칠 때까지 기다리자.
Let's wait until it stops raining.

영어 공부할 때마다 머리가 아파.
Every time I study English, my head hurts.

너가 영어를 싫어해서 그런 거야.
That's because you don't like English.

내가 도착할 때 전화할게.
I'll call you when I get there.

응. 전화하는 거 잊지 마!
OK. Don't forget to call!

나 제대할 때까지 기다릴 수 있어?
Can you wait until I get out of the army?

그걸 몰라서 물어?
You know better than that.

~할 만해 (가치)

~할 가치가 있다

"이 영화 볼 만해." "This movie is worth watching."

주어 be worth 동사ing

 실전대화

앤더슨 수업은 돈 낼 만해.
Anderson's class is worth
paying for.

나도 그런 거 같아.
I think so too.

어느 영화가 더 볼 만해?
Which movie is more worth
watching?

둘 다 볼 만해.
Both are.

~할 만해(하네) (자격)

마땅히 그럴 만하다 / 그럴 자격이 있다

"너 해고 될 만하네."

"You deserve to be fired."

주어 deserve(s) to 동사

 실전대화

넌 로또 될 만해.
You deserve to win the lottery.

맞아, 나 매일 사잖아.
Right, I buy everyday.

넌 스타가 될 만해.
You deserve to be a star.
(you deserve a star.)

제가 연기에 재능이 있나요?
Do I have a talent for acting?

*~에 재능이 있다 Have a talent for ~

A 할 만큼 B 하다 (~할 정도로 ~하다)

그만큼 충분히 ~하다

"나 건물 살 만큼 부자야."
(=살 정도로 부자야.)

"I'm rich enough to buy a building."

문장 + 부사 enough to 동사
주어 be 형용사 enough to 동사

실전대화

영어를 가르치지 그래?
Why don't you teach English?

나 영어 가르칠 만큼 잘하지는 않아.
I can't speak English well enough to teach.

얼마나 아파?
How sick are you?

나 병원 갈 정도로 아프지는 않아.
I'm not sick enough to go the hospital.

*어떻게 아파? How are you sick?

189

나 수술 받을 만큼 아프진 않아.
I'm not sick enough to get surgery.

다행이네.
That's good.

이 커피 마실 만해.
This coffee is worth drinking.

맛이 어떤데?
How is the taste?

나 진짜 열심히 일 하는 거 알지?
You know I work really hard.

그럼. 너 승진할 만해.
Sure. You deserve to get a promotion.

지하철 탈 거야?
Are you gonna take the subway?

지하철 탈 만큼 멀지는 않아.
It's not far enough to take the subway.

~할 수 있어 / 있어?

① ~하는 것이 가능하다 ② ~할 줄 안다 ③ ~하는 것이 허용된다 (~해도 돼)

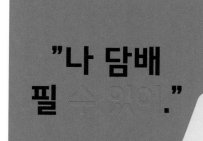

"나 담배 필 수 있어."

"I can smoke."

주어 can 동사 / Can 주어 동사?

 실전대화

나 기다려줄 수 있어?
Can you wait for me?

얼마나 오래?
How long?

나 돈 빌려줄 수 있어?
Can you lend me money?

돈 같은 소리하네!
Money my ass!

~할 수 있었어

~하는 것이 가능했다 (상황상, 여건상) / 간신히 ~했다

"내가 빠져나올 수 있었어."

"I was able to get out."

주어 was/were able to 동사

 실전대화

어떻게 들어갈 수 있었어?
(어떻게 들어가는 것이 가능했어?)

How were you able to go in there?

담을 넘었어.

I got over the fence.

어떻게 수술을 받을 수 있었어요?

How were you able to get surgery?

은행에 대출을 받았어요.

I got a loan from the bank.

~할 수가 없었어

과거에 그것이 가능한 상황이 아니었다

"나 방을 잡을 수가 없었어."

"I wasn't able to get a room."

주어 wasn't/weren't able to 동사

 실전대화

내가 시간을 앞당길 수가 없었어.
I wasn't able to **move up the time.**

*(시간,날짜) 앞당기다 move up
*(시간,날짜) 미루다 move back, put off

너 왜 항상 그렇게 바빠?
Why are you always so busy?

내가 날짜를 미룰 수가 없었어.
I wasn't able to **put off the date.**
(= I wasn't able to **move back the date.**)

그랬구나.
I see.

193

~할 수 있을지도 몰라

~ 가능할지도 몰라

"우리 앉을 수 있을지도 몰라."

"We might be able to sit."

주어 might be able to 동사

 실전대화

우리 돈 많이 벌 수 있을지도 몰라.
We might be able to make
a lot of money.

나보고 니 말을 믿으라고?
You want me to believe you?

우리 날짜를 미룰 수 있을지도 몰라.
We might be able to put off
the date.

그럼, 우리 시간 좀 벌었네.
Then, we got some time.
(= saved some time)

~할 수 있을까? ↓

~할 수 있을까 모르겠네 / ~할 수 있을지 궁금하다

"너 주차 할 수 있을까?"

"I wonder if you can park."

I wonder if 주어 can 동사
I'm wondering if 주어 can 동사

 실전대화

내가 면허 딸 수 있을까?
I wonder if I can get a license.

나도 땄어. 걱정 마.
Even I got one, don't worry.

우리가 걔를 설득 할 수 있을까?
I wonder if we can persuade him.

나한테 맡겨.
Leave it to me.

*~한테 맡기다 leave to 사람

~할 수 있을까? (부탁, 허락)

"Can 주어 동사?" (~할 수 있어요?/~해줄 수 있어요?) 보다 부드럽고 조심스러운 느낌

"나 화장실 좀 쓸 수 있을까?"

"Could I use the bathroom?"

Could 주어 동사?

 실전대화

와우, 오랜만이다.
Wow, it's been a long time.

어떻게 지냈어?
나 너한테 돈 좀 빌릴 수 있을까?
How have you been?
Could I borrow some money from you?

저 좀 태워줄 수 있을까요?
Could you give me a ride?

그럼요. 어디까지요?
Sure, to where?

196

~할 수 없을 거야

못 ~ 할 거야

"개 못 올 거야."
(=올 수 없을거야.)

"He won't be able to come."

주어 won't be able to 동사 (확실)
주어 be not gonna be able to 동사

 실전대화

너 지갑 찾을 수 없을 거야.
(못 찾을 거야)
You won't be able to
find your wallet.

안돼, 내 신분증 안에 있어.
No, my ID card is in it.

우리 정부에서 지원을
받을 수 없을 거야. (못 받을 거야)
We won't be able to get support
from the government.

그럼, 돈 구할 데가 없다는 거야?
Then, you mean
there's no way to get money?

왜 나한테 말 안 했냐?
Why didn't you tell me?

너한테 말을 할 수가 없었어.
I wasn't able to tell you.

이거 입어 볼 수 있을까요?
Could I try this on?

그럼요, 탈의실은 저쪽이에요.
Sure, the fitting room is over there.

우리 대출 받을 수 있을지도 몰라.
We might be able to get a loan.

우리 같이 기도하자.
Let's pray together.

너가 담배 끊을 수 있을까 (모르겠다).
I wonder if you can quit smoking.

내가 할 수 있다는 걸 보여줄게.
I'll show you I can.

~할 줄 알았어 ↑

과거에 ~할 거라고 생각했어 / "I knew"와 혼동하지 말 것

"난 너가 올 줄 알았어."

"I thought you would come."

I thought 주어 would 동사

💬 실전대화

난 너가 경찰한테 걸릴 줄 알았어.
I thought you would get caught
by the police.

*~한테 걸리다, 잡히다
get caught by ~

운이 따라 줬어.
I got lucky.

난 너가 삐질 줄 알았어.
I thought you would get salty.

*삐치다, 토라지다
get(be) salty, get(be) sulky

내가 왜 삐져?
Why would I?

199

~할지도 모르는데

may 보다 약한 가능성

"개 차 가지고 올 지도 모르는데."

"He might bring his car."

주어 might 동사

 실전대화

오는 중이야?
Are you on your way here?

나 좀 늦을지도 모르는데.
I might be a little late.

걔가 날 알아볼지도 모르는데.
He might recognize me.

걱정 마! 걔가 알아볼 수 없을 거야.
Don't worry about it.
He won't be able to recognize you.

*(사람, 사물을) 알아보다 recognize

200

A 할지 B 할지

둘 중에 어느 것인가를 정할 때 (양자택일) / 가부간의 결정일 경우 : whether to 동사 or not (할지 말지)

"차를 살지
트럭을 살지
생각 중이야."

"I'm thinking about
whether to buy
a car or a truck."

Whether to 동사 or 동사

 실전대화

집을 넓힐지 이사를 갈지
생각 중이야.
I'm thinking whether to expand
my house or move out.

돈이라도 생겼어?
You got money or something?

녹음을 할지 촬영을 할지 결정해.
Decide whether to record or
take a video.

녹음이 더 나은 거 같애.
I think recording is better.

~할지 몰라서/모르니까

혹시~ 그런 있을지 몰라서 / 그런 일에 대비하여

"(혹시) 비 올지
모르니까
내 우산 가져가."

"(just) in case it rains
take my umbrella."

(just) in case 주어 동사 ※ just in case 혹시 몰라서

💬 실전대화

비쌀지 모르니까 돈 더 가져가.
(just) in case it's expensive
take more money.

아니야, 이거면 돼.
No, this is enough.

개랑 마주칠지 모르니까 마스크 써.
Put on a mask (just) in case
you run (bump) into him.

그래도 나 알아볼 텐데.
Even if so he would recognize.

영수증 받아요. (혹시) 필요할지 모르니까.
Take the receipt just in case you need it.

맞아요. (혹시) 안 맞을지 모르니까.
Right, just in case it doesn't fit me.

나 너보다 어려.
I'm younger than you.

난 나보다 나이 많을 줄 알았는데.
I thought you'd be older than me.

공부를 할지 일을 할지 결정해.
Decide whether to study or work.

둘 다 하고 싶어.
I want both.

개 만져도 돼요?
Can I pet your dog?

조심해요. 물지도 몰라요.
Be careful. He might bite you.

203

(한 번) ~해 볼래?

(큰 의미나 목적 없이 그냥) 시도해볼래?

"너 이 차 운전해 볼래?"

"Do you wanna try driving this car?"

Do you wanna try 동사ing?

 실전대화

너 응모해 볼래?
Do you wanna try applying (for it)?

아니, 가능성이 너무 희박해.
No, chances are too slim.

너 자수해 볼래?
Do you wanna try turning yourself in?

그냥 너가 날 신고해!
You just turn me in!

(한 번) ~해 볼게

(큰 의미나 목적 없이 그냥) 시도해보겠다

"내가 커피 타 볼게."

"I will try making coffee."

I will try 동사ing

 실전대화

내가 돈을 빌려 볼게.
I will try borrowing some money.

그래, 고맙다. 신세졌네.
Ok, thanks. I owe you.

*A가 B한테 신세지다 A owe B

내가 애기 재워 볼게.
I'll try putting the baby to bed.

해 본 적 있어?
Have you ever done it?

(한 번) ~해 봐/해 봤어

(큰 의미나 목적 없이 그냥) 시도해 봐

"여기 앉아 봐!" "Try sitting here."

Try/Tried 동사ing

 실전대화

왜 파마했어?
Why did you get a perm?

**그냥 스타일 바꿔 봤어,
기분 전환할 겸.**
I just tried changing my style
for a change.

너 재혼해 봐.
You try getting remarried.

더 이상 결혼하고 싶지 않다.
I don't wanna get married anymore.

~해 본 적 있어?/없어?

~한 적 있어? / 태어나서 지금껏 단 한 번이라도

"너 운전해 본 적 있어?" "Have you ever **driven**?"
"운전해 본 적 없어?" "Haven't you ever **driven**?"

Have/haven't you ever p.p?

 실전대화

너 여기 와 본 적 있어?
Have you ever **been here**?

네, 있어요.
Yes, I have.

사업해 본적 있어?
Have you ever **done business**?

네, 딱 한 번요.
Yes, just once.

~해 본 적(이) 없어/~한 적 없어

평생 단 한 번도 경험이 없다

"나 차 운전해 본 적이 없어."

"I have never driven a car."

주어 have(has) never p.p

 실전대화

개는 돈을 벌어 본 적이 없어.
He has never made money.

개 금수저야?
He was born with a silver spoon in his mouth?

나는 테이블 엎어본 적 없어.
I've never turned a table upside down.

난 여러 번 있어.
I have many times.

208

~해 봤자 소용없어

~하는 것이 소용이 없다

"열심히 일해 봤자 소용없어."

"It's no use working hard."

It's no use 동사ing
There's no point 동사ing

 실전대화

재혼해 봤자 소용없어.
It's no use getting remarried.
(There's no point getting remarried.)

맞아. 남자는 다 똑같아.
Right, all men are the same.

전쟁을 일으켜 봤자 소용없어.
It's no use making war.
(There's no point making war.)

정말 그럴까요?
Do you really think so?

우리 전에 만난 적 있나요?
Have we ever met before?

어느 학교 다니셨어요?
Which school did you go to?

히터가 안 돼.
The heater is not working.

내가 고쳐 볼게.
I'll try fixing it.

담배 끊었어?
You quit smoking?

저는 담배 펴 본 적이 없어요.
I've never smoked.

너 금발로 염색 한 번 해 볼래?
Do you wanna try dying your hair blonde?

아니, 난 내 머리 색이 좋아.
No, I like my hair color.

~해서 그런 거야/~해서 그래

그것은 ~하기 때문이다

"내가
돈이 없어(서)
그런 거야."

"That's because
I don't have money."

That's because 주어 동사

 실전대화

나 어지러워.
I'm dizzy.

너 헌혈해서 그런 거야.
That's because **you gave blood.**

왜 내 말을 못 알아들어?
Why can't you understand me?

너가 웅얼거려서 그래.
That's because **you mumble.**

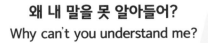

*웅얼대다 (부정확한 발음) mumble
*소근거리다, 속닥거리다 (작은 소리로 얘기) mutter

211

~해서 그런 게 아냐

그것은 ~하기 때문이 아니다

"너가 똑똑해서 그런 게 아니야."

"That's not because you're smart."

That's not because 주어 동사

 실전대화

내가 쫓겨나서 그런 게 아냐.
That's not because I was kicked out.

그럼 이유가 뭐야?
What's the reason?

걔가 출세해서 그런 게 아냐.
That's not because he succeeded in life.
    (= he's getting ahead)
    (= he works his way up)

알아, 걔 원래 까칠해.
I know he is always mean.

*깐깐하다(엄격하다) strict

A 해서 B 해

A 하고 B 하다 의미로 시간적으로 순서 A-B가 있음 / Go and sleep (가서 자) = Go sleep (가 자)

"들어와서 먹어."
(=들어와 먹어.)

"Come in and eat."
(=Come in eat)

동사A and 동사B

 실전대화

우리 어디 가서 더 마시자.
Let's go somewhere and drink more.

아니야 됐어, 나 집에 가야 돼.
No thanks, I have to go home.

지갑을 차에 두고 온 거 같아.
I think I left my wallet in the car.

차에 들어가서 찾아.
Get in the car and find it.

A 해서 B 해(했어)

A 하기 때문에 B 한다(했어) / 나 피곤해서 잤어 (한국어) → 나 피곤했어서 잤어 (영어) / ※시제 일치 시킬 것

"나 너무 많이 마셔서 토했어."

"I threw up because I drank too much."

주어 동사 because 주어 동사

 실전대화

나 지하철 탔어, 차가 많이 막혀서.
I took the subway because there was a lot of traffic.

그 시간엔 항상 차 막혀.
There's always a traffic at that time.

나 병원 갔었어, 손을 다쳐서.
I went to the hospital because I hurt my hand.

꿰맸어?
Did you get stitches?

214

트렁크 열어서 꺼내!
Open the trunk and take it out!

뭘 꺼내?
Take what out?

너가 걔한테 전화해서 물어봐.
You call him and ask.

뭘 물어?
Ask what?

나 시식용 음식을 너무 많이 먹어서 배불러.
I'm full because I ate too many samples.

도대체 몇 개를 먹었어?
Just how many samples did you eat?

나 배 아파.
My stomach hurts.

너 과식해서 그래.
That's because you overate.

~해야 돼

할 수밖에 없다 / 다른 선택의 여지가 없고 반드시 해야 하는 상황이라는 강한 표현

"나 내일 일해야 돼."

"I have to work tomorrow."

주어 have to/has to (주어가 he, she 등 3인칭 단수일 경우) 동사

 실전대화

니 와이프 임신했다며.
I heard your wife is pregnant.

*임신하다 사람 be pregnant

응, 나 이제 돈 더 벌어야 돼.
Ya, I have to make more money from now on.

걔들 카드 받아?
Do they take credit cards?

아니, 너 현금으로 내야 돼.
No, you have to pay in cash.

*현금으로(현금을) 내다 pay (in) cash

216

~해야 될 거야

"~해야 돼"의 미래

"너 기다려야 될 거야."

"You're gonna have to **wait**."

주어 be gonna have to 동사

 실전대화

양복을 입어야 될 거예요.
You're gonna have to **wear a suit**.

정말요? 저 양복 없어요.
Really? I don't have any suit.

신발을 벗으셔야 될 거예요.
You're gonna have to **take off your shoes**.

안 벗으면요?
What if I don't?

*벗다 take off 명사, take 명사 off
*신다 put on 명사, put 명사 on

217

~해야지

~하는 편이 낫다 / ~해야겠다 / 다소 주관적이고 개인적인 생각이 들어간 표현

"너 집에 가야지~."

(=가지~)

"You should go home."

주어 should 동사

 실전대화

현금 좀 가져가야지, 혹시 모르니까.
You should take some money
just in case.

아니야, 괜찮아 나 체크카드 있어.
No, I'm ok. I have my debit card.

어제 일은 미안해요.
Sorry about yesterday.

미안해야지.
어떻게 감히 날 바람 맞혀?
You should be.
How dare you stand me up?

*바람맞히다 stand 사람 up

218

~해야 하지 않아?

~해야 된다 생각하지 않아? / ~해야 되지 않아?

"우리 집에 가 _{야 하지} _{않아?}"

"Shouldn't we go home?"

Shouldn't 주어 동사?

 실전대화

저 주사 맞아야 하지 않아요?
Shouldn't I get a shot?

아니요. 그냥 약 드시면 돼요.
No, you can just take medicine.

*약 먹다 take medicine (medication)

우리 예약 해야 되지 않아?
Shouldn't we make a reservation?

거기 예약 안 받아.
They don't take reservations.

~해야만 했냐?

① 꼭 그래야만 했냐 / ② ~해야 됐었냐

"너 그래야만 했냐?"

"Did you have to do that?"

Did 주어 have to 동사?

 실전대화

너 왜 돈을 벌어야만 했냐?

Why did you have to make money?

*돌보다 take care of ~
*보살피다 look after ~

내가 가족을 돌봐야 했으니까.

Because I had to take care of
my family.

왜 이혼을 해야 됐었나요?

Why did you have to get divorced?

제가 바람 폈어요.

I cheated on her.

*바람 피우다 cheat on

220

~해야(만) 했어

(과거에) 그렇게 해야만 했다 / ※ "~했어야 했어"와 구별할 것 (should've p.p)

"내가 돈을 벌어야만 했어."

"I had to make money."

주어 had to 동사

 실전대화

내가 전화를 끊어야만 했어.
I had to hang up.

난 너가 화난 줄 알았어.
I thought you were angry.

타이를 해야만 했어.
I had to wear a tie.

왜? 예식장이라도 갔어?
Why? Did you go to a wedding or something?

우리 지금 출발해야 하지 않아?
Shouldn't we leave now?

어, 서둘러! 늦겠다.
Yea, hurry up! We're gonna be late.

나 수술 받아야 하지 않나요?
Shouldn't I get surgery?

수술 안 받으셔도 돼요.
You don't have to get surgery.

살을 빼셔야 될 거에요.
You're gonna have to lose weight.

운동을 할까요?
Should I work out?

나 병원 갈까?
Should I go to the hospital?

진통제를 먹어야지.
You should take tylenol.

(내가) ~해 줄게/~해 줄 거야

(사람)을 위해 ~을 하다 / 주로 'for you'가 많이 쓰임

"내가 택시 잡아줄게."

"I will get a taxi for you."

I'm gonna 동사 for 사람
I will 동사 for 사람

 실전대화

나 너무 피곤해, 잘래.
I'm too tired, I wanna sleep.

그래, 내가 불 꺼줄게.
Okay, I'll turn off the light for you.

나 걔한테 전화하기가 겁나.
I'm afraid to call him.

알았어, 그럼 내가 물어봐줄게.
Okay then, I'll ask him for you.

(내가) ~해 줄까?

"~해주면 좋겠냐?"라는 뜻

"내가 내줄까?"   "Do you want me to pay?"

Do you want me to동사?

 실전대화

내가 니 차 고쳐 줄까?
Do you want me to fix your car?

너 차 고칠 줄 알아?
Do you know how to fix a car?

내가 에어컨 줄여 줄까?
Do you want me to
turn down the A/C?

응, 좀 추워.
Yea, It's kind of cold.

~해 주겠어?

상대방에게 부탁하는 말 / ~해주시겠어요? / ~해주실까요?

"좀 앉아 주시겠어요?"
(=주실까요~)

"Would you sit down please?"

Would you 동사 please?

 실전대화

간판 좀 달아 주시겠어요?
Would you hang the sign, please?

그럼요. 사다리 하나 갖다줘요.
Sure. Get me a ladder.

머리 염색 좀 해 주시겠어요?
Would you dye my hair please?

네, 어떤 색을 원하세요?
Yea, what color do you want?

~해 주면 감사하겠습니다 (고맙겠습니다)

~해 주신다면 감사하겠습니다 / ~해달라는 정중한 부탁 / 다소 딱딱한 말투

"잔들을 들어 주시면 감사하겠습니다."

"I would appreciate it if you would raise your glasses."

(I would = I'd)
I would appreciate it if 주어 would 동사
I would appreciate it if 주어 동사(과거)

 실전대화

 깎아 주시면 감사하겠습니다~.
I'd appreciate
if you gave me a discount.

 좋아요, 10% 할인해드릴게요.
Ok, I'll give you a 10% discount.

 저 좀 태워 주시면 감사하겠습니다~.
I'd appreciate
if you would give me a ride.

 네, 태워 드릴게요. 타세요.
Ok, I'll give you a ride. Get in the car.

*차에 타다 get in the car
*버스에 타다 get on the bus

226

춥다, 여기.
It's cold here.

내가 히터 켜 줄게.
I'll turn on the heater for you.

무서우세요?
Are you scared?

네, 속도를 줄여 주시면 감사하겠습니다.
Yea, I'd appreciate if you slowed down.

전화기 충전 좀 해 주시겠어요?
Would you charge my phone please?

죄송해요. 저희는 충전기가 없어요.
Sorry, we have no chargers.

나 배터리 없어.
My battery is dead.

줘 봐. 내가 충전해 줄게.
Give it to me. I'll charge it for you.

~했냐?

동사의 과거형과 형용사의 과거형 2가지가 있다

"너 점심 먹었냐?"
"너 어제 바빴냐?"

"Did you have lunch?"
"Were you busy yesterday?"

Did 주어 동사?
Was/Were 주어 형용사?

 실전대화

너 어제 아팠냐?
Were you sick yesterday?

응, 그래서 일 안 했어.
Yea, so I didn't work.

걔가 너 집에 데려다줬냐?
Did he take you home?

아니, 나 버스로 혼자 집에 갔어.
No, I went home alone by bus.

*버스로 by bus
*지하철로 by subway

228

~했어

단순한 과거

"나 일했어."
"나 아팠어."

"I worked."
"I was sick."

주어 동사ed(규칙)/불규칙동사(외울 것)
주어 was/were 형용사

 실전대화

나 지갑 잃어버렸어.
I lost my wallet.

어디에 두고 왔냐?
Where did you leave it?

나 신났었어, 너랑 술 마실 때.
I was excited when I was
drinking with you.

저도 그랬어요.
So was I.
(= me, too.)

~했었어 (~했었는데)

과거에서 과거까지 쭉 그랬다 / 과거에 한동안 ~하고 그랬었다

"나 담배 폈었어."
(=지금은 안 피움)

"I used to smoke."

주어 used to 동사

실전대화

나 차멀미를 했었어.
I used to get carsick.

난 배멀미 했었어.
I used to get seasick.

나 고등학교 때 팔씨름 했었어.
I used to do arm wrestling in high school.

힘자랑 하려고요?
To show off your power?

*자랑하다, 뽐내다 show off

230

~했는지도 몰라

~했었는지도 몰라

"내가 거기에 두고 왔는지도 몰라."

"I might have left it there."

주어 might have p.p

 실전대화

개가 버렸는지도 몰라.
He might have thrown it away.

버려? 어디에?
Throw it away? To where?

개가 무릎 꿇었는지도 몰라.
He might have got down
on his knees.

그래서 용서받았구나.
That's why he got forgiven.

*무릎 꿇다 get down on one's knees

231

~했나 봐/~한 건가 봐

주로 1, 3인칭 / 강한 추측

"나 지갑 떨어뜨렸나 봐." "I must've dropped my wallet."

주어 must have (=must've) p.p

 실전대화

내가 잠꼬대 했나 봐요.
I must have **talked in my sleep.**

피곤했나 봐.
You must've **been tired.**

*잠꼬대하다 talk in one's sleep

왜 전화 안 받았어?
Why didn't you answer?

내가 잠들었나 봐.
I must have **fallen asleep.**

232

~했어야지/~했어야 했는데

과거에 안 한 것에 대한 후회, 아쉬움 / ~할 걸 그랬어

"너 버스를
탔어야지."

"You should've
taken the bus."

주어 should have (=should've) p.p

 실전대화

나한테 말을 했어야지.
You should've told me.

미안, 깜빡했어.
Sorry, I forgot.

우리 여기에 앉았어야 했는데.
We should've sat here.

그러게.
Tell me about it.

*그러게, 내 말이. Tell me about it.
You're telling me.

233

~했을 때

과거의 한 시점에

"너가 전화했을 때,"

"When you called me,"

When 주어 동사 (과거)

 실전대화

너가 날 화나게 했을 때,
나 울 뻔했어.

I almost cried
when you made me angry.

다신 안 그럴게.
I will never do that again.

지갑을 어디에 두고 왔어?
Where did you leave
your wallet?

넘어졌을 때 지갑을 떨어뜨렸어.
I dropped my wallet
when I fell down.

*넘어지다, 자빠지다 fall down

234

우리 일찍 출발했어야 했는데.
We should've left early.

내 말을 들었어야지.
You should've listened to me.

나 너 사랑했었어.
I used to love you.

참, 너 점심 먹었냐?
By the way, did you have lunch?

너 알람 안 맞췄어?
Didn't you set the alarm?

내가 깜박했나 봐.
I must've forgotten.

내가 너한테 전화했을 때, 너 뭐 하고 있었어?
When I called you, what were you doing?

샤워하고 있었어.
I was taking a shower.

안 해?

~하지 않냐? (현재)

"너 안 피곤해?" "Aren't you tired?"

Don't/Doesn't 주어(you, he, it ...) 동사?
Aren't/Isn't 주어(you, he, it ...) 상태?

 실전대화

너 안 **창피해?**
Aren't you embarrassed?

*창피하다 (쪽팔림, 체면이 구김) be embarrassed
*부끄럽다 (잘못된 행동에) be ashamed

내가 왜?
Why would I?

너 걔랑 **연락 안 해?**
Don't you keep in touch with him?

*연락하다 (연락하고 지내다)
keep in touch with 사람

안 해. 꽤 오래됐어.
I don't. It's been quite long.

236

안 해

~하지 않아 (현재)

"나 안 피곤해." "I'm not tired."

주어 don't/doesn't 동사
주어 be not 형용사

 실전대화

개 왜 이 시간에 집에 있어?
Why is he at home at this hour?

개 일 안 해, 요즘.
He doesn't work these days.

우리 언제 한 번 골프 칠까?
Should we golf sometime?

나 골프 안 해.
I don't golf.

*언제 한 번 sometime
*가끔 sometimes

안 했어?

~하지 않았냐? (과거)

"너 돈 안 냈어?" "Didn't you pay?"

Didn't 주어 동사?
Wasn't/Weren't 주어 형용사?

 실전대화

내가 너한테 말 안 했어?
Didn't I tell you?

말했는데 내가 까먹었어.
You told me but I forgot it.

너 어제는 왜 안 바빴냐?
Why weren't you busy yesterday?

일요일에는 손님이 안 많아.
We don't have a lot of customers
on Sundays.

*손님, 고객 customer
※손님이 왕이다 The customer is always right.

238

안 했어(다)

~하지 않았어(다) (과거)

"나 안 잤어."

"I didn't sleep."

주어 didn't 동사
주어 wasn't/weren't 형용사

 실전대화

어디에 주차하셨어요?
Where did you park?

저 차 안 가지고 왔어요.
I didn't bring my car.

이름을 안 쓰셨어요.
You didn't write your name.

죄송해요, 제가 전화번호만 썼어요.
Sorry,
I only wrote my phone number.

안 ~했었어 (안 ~했었는데)

과거에 한동안 쭉 지속적으로 안했다 / "~안 했어"와 구별

"나 담배
안 폈었어."

"I didn't used to
smoke."

주어 didn't used to 동사
주어 used to not 동사

 실전대화

나 교회 안 다녔었어.
I didn't used to go to church.

언제부터 다니기 시작했어?
Since when did you start going?

전에는 오래 안 걸렸었어.
It used to not take long.

맞아. 요즘에 많이 막혀.
Right.
There's a lot of traffic these days.

240

안 ~해도 돼

~할 필요 없다 / ~해야 되는 건 아니야

"너 돈 안 내도 돼."

"You don't have to pay."

주어 don't/doesn't have to 동사

 실전대화

너무 죄송해요.
I'm so sorry.

저한테 사과 안 하셔도 돼요.
You don't have to apologize to me.

제가 어떻게 보상해 드리면 돼요?
How can I make it up to you?

저한테 보상 안 해줘도 돼요.
You don't have to make it up to me.

*~한테 보상해주다 make it up to 사람

241

안 ~해도 됐는데

~할 필요 없었다 / 뭐하러 했냐?

"우리 돈 안 내도 됐는데."

"We didn't have to pay."

주어 didn't have to 동사

 실전대화

너 양복 안 입어도 됐는데.
You didn't have to wear a suit.

그냥 입고 싶었어.
I just wanted to wear.

다 그냥 들어가고 있어.
Everybody is just going in.

우리 줄 안 서도 됐는데.
We didn't have to line up.

*줄 서다 line up, stand in line

242

안 ~할지도 모르는데

주어 may not 동사 (안 ~할지도 몰라/모르지) : might 보다 가능성이 더 큼 / 한국어 뉘앙스로 구별

"걔 안 올지도 모르는데."

"He might not come."

주어 might not 동사

 실전대화

나 내일 안 바쁠지도 모르는데.
I might not be busy tomorrow.

그래서 내일 올 수 있다는 말이야?
So you mean you can come tomorrow?

걔 진찰 안 받을지도 모르는데.
He might not get a check-up.

네가 걔한테 말해, 받으라고.
You tell him to get it.

243

안 ~했을지도 모르는데

주어 may not have p.p (안 ~했을지도 몰라/모르지) : might 보다 가능성이 더 큼

"개 돈
안 냈을지도
모르는데."

"He might
not have paid."

주어 might not have p.p
주어 might have not p.p

 실전대화

거기에 두고 왔어?
Did you leave it there?

내가 거기에
안 두고 왔을지도 모르는데.
I might not have left it there.

개 어제 안 취했었을지도 모르는데.
He might not have been drunk
yesterday.

맞아. 개 취한 척 한 걸 거야.
Right. I'm sure he pretended
to be drunk.

*~하는척하다 pretend to 동사

244

안 할게

1인칭 '나'를 주어로 ~하지 않겠다는 의지 표현 / ~하지 않을게

"내가 실수
안 할게."

"I won't make
a mistake."

I won't 동사

 실전대화

내가 너한테 몇 번을 말했냐?
How many times did I tell you?

미안, 이제 니 말 무시 안 할게.
Sorry, I won't ignore you
from now on.

그만 좀 전화해 줄래?
Will you stop calling me?

알았어, 너 안 괴롭힐게.
Ok, I won't pick on you.

①괴롭히다 (들들 볶다) pick on 사람
②괴롭히다 (귀찮게 하다) bother 사람
③괴롭히다 (협박, 폭력적, 집단적, 약자를 상대로) bully 사람

245

안 ~할래?/안 ~하고 싶어?

"안 ~하고 싶냐?"는 뜻

"너 나랑 안 사귈래?"

"Don't you wanna go out with me?"

Don't 주어 wanna 동사?

 실전대화

너 사진 안 찍을래?
Don't you wanna take a picture?

너랑?
With you?

나 책 쓰는 것 안 도와줄래?
Don't you wanna help me
write a book?

그러고 싶은데 나 요즘 정신없어.
I want to, but It's hectic
these days.

안 ~하려고 했는데

안 ~할 계획(생각)이었다

"나 이거
안 먹으려고
했는데."

"I wasn't gonna
eat this."

주어 weren't/wasn't gonna 동사

💬 실전대화

너한테 말 안 하려고 했는데.
I wasn't (was not) gonna tell you.

아니야. 말하길 잘했어.
No. It's a good thing telling me.

나 가불 안 받으려고 했는데.
I wasn't gonna get an advance.

어쩔 수 없었잖아.
You had no choice.

안 ~하는 게 나을걸(나아)

안 하는 편이 신상에 좋다 / 안 하는 게 좋아 / (더 부드럽게) 안 ~하는 게 좋은데: You don't wanna 동사

"너 운전
안 하는 게
나을 걸(나아)."

"You better not
drive."

주어'd better not 동사 ※구어체: 주어 better not 동사

💬 실전대화

너 바람 안 피우는 게 나을걸.
You better not cheat on me.

나 그런 사람 아니야.
I'm not that kind of person.

그 개 안 만지는 게 나을걸.
You better not pet that dog.

젠장! 물었어!
Damn! He bit me!

안 ~하는 거야?

현재, 미래 모두 가능 / 안 ~하는데?

"왜 음식이 안 나오는 거야?"
(=안 나오는데?)

"Why isn't my food coming out?"

Isn't/aren't 주어 동사ing?

 실전대화

왜 라면 안 먹는 거야?
Why aren't you eating the 라면?

별로 안 땡겨요.
(생각이 없어요.)
I don't feel like it.

*~안 내키다, ~생각이 없다 주어 don't feel like~

왜 다운 안 받는 거야?
Why aren't you downloading it?

시간 오래 걸려요. 다음에 할게요.
It takes long time. I'll do it next time.

249

"어떻게 **나한테 말을** 안 할 수가 있어?"

"How could **you** not tell me?"

How could 주어 not 동사?

 실전대화

어떻게 **팬티를** 안 **입을** 수가 있어?
How could you not wear underpants?

*(여성용) 팬티 Panties
*(남성용) 팬티 underpants

속옷 살 돈이 없어.
I don't have money to buy underwear.

*속옷 (상,하의) underwear

어떻게 **나한테 문자도** 안 할 수가 있어?
How could you not even text me?

하려고 했는데 깜빡했어.
I was going to, but I forgot.

어떻게 나한테 오라고 말을 안 할 수 있어?
How could you not tell me to come?

난 너가 알고 있는 줄 알았어.
I thought you knew it.

우리 환승 안 해도 됐는데.
We didn't have to transfer.

거 봐. 내 말이 맞았지.
I told you. I was right.

너 이거 입어 봐야지~
You should try this on.

아니야, 안 입어 봐도 돼.
No, I don't have to try it on.

여권을 잃어버렸어.
I lost my passport.

분실물 센터 가는 게 나을걸.
You'd better go to the lost and found.

못 ~해

1. 할 줄 모른다 (능력이 없어서) / 2. 하면 안 된다 (허용이 안 돼서) / 3. 할 수 없다 (상황이 불가능해서)

"나 운전 못 해."   "I can't drive."

주어 can't 동사

 실전대화

여기 주차 못 해요.
(하면 안 된다.)
You can't park here.

주차하게 해 주세요.
주차비 낼게요.
Let me park, I'll pay for it.

나 못 참아, 빨리 나와.
I can't hold it, come out quick.

나 똥 싼다니까!
I said I'm taking a shit.

못 ~했어

"못 ~해"의 과거형 / 능력이나 상황에 대하여

"나 집에 못 갔어."

"I couldn't go home."

주어 couldn't 동사

 실전대화

너 걸렸냐 어제?
Did you get caught yesterday?

나 못 도망갔어.
I couldn't run away.
(= get away.)

왜 책을 출판 못 하셨어요?
Why couldn't you publish
your book?
(get your book out)

돈이 부족했어요.
I was short of money.

*~가 부족하다 사람 be short of ~

253

못 ~할 거야

~할 수 없을 거야

"걔 못 올 거야." "He is not gonna be able to **come**."

주어 be not gonna be able to 동사
주어 won't be able to 동사

 실전대화

우리 못 앉을 거야.
We are not gonna be able to sit.

괜찮아. 겨우 두 정거장이야.
It's ok, it's only 2 stops.

내가 널 행복하게 못 해줄 거야.
I'm not gonna
be able to **make you happy**.

그럼 결혼하지 말자.
Let's not get married then.

못 ~할 거 같아

~할 수 있다 생각 안 해 / ~할 수 있을 것 같지 않아

"나 너 만날 거야."

"I don't think I can meet you."

I don't think 주어 can 동사
I think 주어 can't 동사

 실전대화

나 너 용서 못 할 것 같아.
I don't think I can forgive you.

다신 안 그럴게. 봐 줘.
I'll never do that again.
Give me a break.

제 차를 못 뺄 거 같은데요.
I don't think I can get my car out.

키 주세요. 제가 뺄게요.
Give me the key. I'll get it out.

255

못 ~하게 해

~하게 해주지 마 / ~하게 놔두지 마

"개 운전 못하게 해."

"Don't let him drive."

Don't let 사람 동사

 실전대화

개 욕 못 하게 해.
Don't let him swear.

*~한테 욕하다 swear at 사람
*~한테 맹세하다 swear to 사람

개 욕 자주 해요?
Does he often swear?

개 내 욕 못 하게 해.
Don't let him talk shit about me.

내가 이미 경고했어.
I already warned him.

못 ~하게 할게

~하게 놔두지 않을게

"내가 걔
운전 못 하게
할게."

"I won't let him drive."

I won't let 사람 동사

 실전대화

걔 자꾸 껌 씹어.
He keeps chewing gum.

내가 걔 껌 못 씹게 할게.
I won't let him chew gum.

걔가 나 협박해.
He threatens me.

내가 걔 여기 얼씬 못 하게 할게.
I won't let him hang around here.

못 ~하게 했어
~하게 놔두지 않았어

"내가 걔 운전 **못 하게 했어**." | "I didn't let him drive."

주어 didn't let 사람 동사

 실전대화

내가 걔 면도 못 하게 했어.
I didn't let him shave.

어쩐지.
No wonder.

엄마가 나 도박 못 하게 했어.
My mom didn't let me gamble.

그래서 도박을 그만둔 거야?
That's why you quit gambling?

못 ~하게 해야지
~하게 해주면 안 되지

"너가 개
운전 못 하게
해야지."

"You shouldn't
let him drive."

주어 shouldn't let 사람 동사

 실전대화

너가 걔 많이 못 마시게 해야지.
You shouldn't let her drink a lot.

내가 그만 마시라고 말했다니까.
I'm telling you
I told her to stop drinking.

걔 스키를 못 타게 해야지.
You shouldn't let him ski.

난 스키가 안 위험한 줄 알았지.
I thought ski wasn't dangerous.

못 ~하게 했어야지

~하게 해주질 말았어야지

"너가 개 운전 못 하게 했어야지."

"You shouldn't have let him drive."

주어 shouldn't have let 사람 동사

 실전대화

나 못 마시게 했어야지.
You shouldn't have let me drink.

왜 내 탓을 하냐?
Why do you blame me?

너가 개 골프 못 치게 했어야지.
You shouldn't have let him golf.

왜요? 뭔 일 있어요?
Why? Is there something going on?

못 ~하면 어떡해?

'어떡해'를 생략하고 "못 ~하면?!" 이렇게도 가능하다

"우리 못 만나면 어떡해?"

"What if **we** can't meet?"

What if 주어 can't 동사?

 실전대화

걔가 날 못 알아보면 어떡해?
What if **he** can't recognize me?

알아볼 텐데.
(알아보겠지.)
He would.
(He would recognize you.)

우리 못 도망가면 어떡해?
What if **we** can't run away?

운명에 맡기자.
Let's leave it to our destiny.

못 ~해도 돼

못 ~해도 괜찮아

"너 영어 못해도 돼."
(=영어 못해도 괜찮아.)

"It's ok if you can't speak English."

It's ok if 주어 can't 동사

 실전대화

나 너 못 와도 괜찮아.
It's ok if you can't come.

가도록 노력할게.
I'll try to come.

나 출세 못 해도 좋아(괜찮아).
It's ok if I can't be successful
in my life.

맞아, 행복한 게 더 중요해.
Right, being happy is more important.
(=It's more important to be happy.)

못 ~할 뻔했어

하마터면 못 ~했다

"나 집에 못 갈 뻔했어." "I almost couldn't go home."

주어 almost couldn't 동사

 실전대화

나 못 일어날 뻔했어.
I almost couldn't get up.

알람을 맞췄어야지!
You should've set the alarm!

주차 못 할 뻔했어.
I almost couldn't park.

왜? 자리가 없었어?
Why? There was no room?

263

너 보증금 못 돌려 받을 거야.
You won't be able to get the deposit back.

무슨 말이야? 자세히 말해 봐.
What do you mean? Give me more details.

나 걔한테 청혼 못 할 거 같아.
I don't think I can propose to her.

걔랑 결혼 안 할 거야?
Aren't you gonna marry her?

나 여권 못 찾을 뻔 했어.
I almost couldn't find my passport.

누가 찾아줬어?
Who found it for you?

걔 킥보드 타다 다리 다쳤어.
He hurt his leg riding a motorcycle.

내가 이제 못 타게 할게.
I won't let him ride it from now on.